「在台香港人」團主**傑拉德**精心策劃＋台北住房通**鄧樂文**&**羅伊** 不藏私經驗分享

黃文彪律師 · 列當度 · 林靚 · 藍色水銀 專業分析合著

居住篇

定居寶島

前言

文／傑拉德

上車慢，住結界？

停一停，想一想！

執筆時，姓孟的華為千金紅遍國際，一舟未停一舟又起，北水流港，習以為常。想深一層，香港人早已姓「孟」，別搞錯，是孟母三遷的「孟」，為兒女遷居、為退休遷居、為自由遷居，而任何人的生活也離不開衣食住行，《定居寶島・居住篇》就為讀者拆解住屋疑難！

三萬新台幣在香港，大約可租到一間劏房，地點想揀旺區都難，但在台灣卻可租住市區，建築面積約1000平方呎，大到無朋友，不止可以睇到日落，業主更包傢俬電器，如40吋電視、中央冷暖氣、洗衣機、雪櫃、浴室寶、微波爐、Queen size六呎大床等，甚至有些更包埋管理費、免費Wifi、瓦斯費及泊車位等，一應俱全。

簡言之，只要帶齊行李便可入住，更遑論會所提供免費公眾湯屋、泳池、健身室、瑜伽室、小型影院、籃球場、兒童遊樂室、圖書閣、麻將房等，誰想過香港劏房的價錢，竟在台灣擁有富豪級享受？

一世樓奴

近幾年，香港捲起移民台灣熱潮，數字持續上升，新移民來台必須解決居住問題，或者，「香港150」可能先考慮劏房和公屋，但在寶島卻截然不同，起碼住得有尊嚴，毋須考慮要住甚麼聞所未聞的納米樓。

住，簡單分為買樓和租樓（當然會有其他特殊情況，例如婚後住在男方／女方的住所），許多香港人手頭上有點現金，便會心急上車，那怕是原本計劃在3至5年後移民的，也會猴擒搶先置業，就怕慢人一步。

執輸行頭慘過敗家？這正正是香港地產商集體烘焙出來的羊群心理，700萬人不知不覺養成「上車快、好世界」的意識形態，反之，上車慢、住結界，一輩子成為樓奴，失去人生的意義。

空置率高

首先，移民台灣就別帶同一套眼光，審視兩地的居住文化，那肯定錯到一個點，甚至錯足一世。

其次，台灣的面積是香港的33倍，人口2200萬，約為香港3倍，全國大把樓揀，選擇多的是。

第三，台灣樓市主要是自給自足，台灣人自買自住，投資者都是台灣人為主，供求一眼看穿，香港樓市乾升多年，要多得外來人口湧入，早幾年更有投資移民鼓勵「北水」入市，在台灣少之又少。

第四，整體上台灣的物業空置率甚高，二手樓市場有限，港人愛搶二手樓，但這種情況在台灣也是鳳毛麟角，隨時買入二手樓後，想轉手都不容易。

基本認識

所以，這本書出現了，告訴買樓租樓時的注意事項，希望幫助到剛移民或準備移民的香港人，深入地了解一下台灣樓市，最好先租樓，再考慮上車，以免做出錯誤決定，恨錯難返。

翻開《定居寶島．居住篇》，開卷篇已分析租或買的決定性因素，然後是「台灣屋基本認識」，從不同城市、地區、設施等篩選出閣下的目標。第三章談到「租屋」事項，分享真實個案，第四章開始談買樓，最後會由大名鼎鼎的羅伊分享個人買樓心得，值得細味。

　　今時今日，出書是難以賺錢的生意，我們堅持集各專家的意見，與讀者分享一二，純粹希望香港人守望相助，移台後安居樂業，找到適合自己的安樂窩，共勉之！

定居寶島初到步應先買樓定租屋？

文／鄧樂文

　　看到這個題目時，我想大家第一個念頭就是：「有錢咪買囉！有什麼好講呀？」但認真想想，真的就那麼簡單嗎？尤其是對於移民來台灣的香港人，大部份是所謂的中產階級。手頭有一定的資金，但是真的充裕到能夠立刻負擔一個房子？這確實是一個相當需要考慮的問題！

　　對香港人來說，台灣的房價確實是相對便宜的。也有很多媒體會把在台灣買房子這件事過於美化和簡化，但事實是不是真的那樣就很難說。

　　我們家在多年前剛來台灣時便立刻買了房子。那是在中壢平鎮，坐落在鄉間的獨棟兩層的房子，環境還算不錯！但若問我中壢平鎮在那裏？說真的，當時真的不知道。只知道從台北去的話要由台北車站坐近兩小時國光號到中壢車站，然後再坐差不多一小時的公車，下車後再走二十分鐘，現在想起來都很累。當然也是因為當時的交通並不像現在方便快速。

　　至於為什麼選這麼偏遠的地方，主要是因為父親朋友的介紹有一個這樣的地方。朋友們都住附近能相互照應，而且價格也是相當便宜。結果因為偏僻，不管想買東西或是找東西吃都很困難（當年便利店和大賣場還未盛行）結果我們家人來台灣住在那裏的日子加起來不到三個月。

　　說真的，其實買房子可能會帶來不少的生活壓力。因為這可能是你人生中買過最貴的東西，購買的過程也十分複雜、常會出現意外的開銷。基本上在您決定買房子時您應該是有能力負擔預算中的金額，但那是個上限的數目，而真的買到房子之後，還有林林總總各樣的開銷會冒出來，例如修繕、裝潢、購買家具都是一筆不少的費用。所以應該要留一點空間，好應付意外的支出。

　　當年我父親考慮的是退休以後可以和一些認識多年的老朋友一起生活比較沒有溝通上的問題，可是卻忽略了生活的問題：交通、醫療、工作甚至是購買日用品的問題。

　　所以選擇合適的地區非常重要。因為您將要在這個選擇的地方生活至少一年甚至五年十年。就算你沒有小孩或孩子已經長大，也要研究一下該區的學校，如果您在意健康或是有點年

紀那就要考慮從住家到醫院、診所或藥局等設施的距離。因為那將會影響以後您在那裡的生活甚至影響以後房子的價值。

另外，你的交通工具是什麼？台灣雖然不像歐美地方那麼大，不一定需要自己開車，但你也要考慮到公共交通工具是否有到達住所附近。例如，北部的交通不管是公車路線、捷運系統和快速公路系統都比較完善，然而中南部則很多還在建設甚至是計劃中。這當然也是要考慮考慮，不然每次出門都要轉好幾程的車或是走一大段路！

如果你手上的資金充裕又有希望能長久生活的地區的話，買房子確實是一個不錯的選擇。但是你看中的地方真的有想像中好嗎？

有些看似美好的設施，遇到不對的時間或人，一樣是干擾居住品質的殺手。

也唯有實際在那裡生活過才能長期的觀察如氣候、溫濕度等大環境。例如：偶爾去淡水走走看夕陽會讓人覺得那是個非常休閒舒適的地方，所以很難想像每天上班要從唯一的馬路塞車出市區，下班再塞回去以及在冬天時細雨加東北季風的可怕。

　　建議大家買屋子前不妨先用租的方式，這樣可以了解附近有哪些採買機能、公車及捷運位置、學區好壞、有無嫌惡設施等。而像「鄰居是否好相處」、有沒有「特殊的噪音來源」等細緻的居住環境，單單從走訪幾次想了解真實的狀況並不容易，所以如果真的很想完全掌握區域的生活機能，可以先在那個地區租房子住看看。因為實際居住過後，才能對區域環境有更清楚與深刻的掌握。而我也是曾經於好幾個地區租屋住過後，最後才選定在現在的區域買房子。

　　租屋最大的好處就是有彈性，不論是財務上或是遷移性上都是。可能是我的運氣還不錯，遇到的房東都蠻好相處的。但是在近年的社會新聞常會有所謂惡房東的報導，所以租房子時要注意什麼對自己比較有保障？

　　首先，看房子時務必要請房東出示身份證明、房屋所有權狀、房屋稅單或登記謄本，以確定是真的房東或是二房東（若是二房東，請其出示與房東所訂之契約書，瞭解到底有無可轉租他人的規定）。這樣才能談租金多少？何時繳納？租約期限多長？是否要付押金？

　　為了防止房東向房客要求過高的押金，不管簽約簽幾年，法規有規定租屋的押金最高只能收二個月！超過的部分，可以

用來抵付房租。也就是，如果房東有超收押金的話，你可以將某一期要繳的租金，扣除房東多收的押金後再付給房東。

至於水電費、大樓管理費、房屋稅等金額由誰繳納？如何計算？繳納方式為何？房東與您對於修繕之責任區分與明訂項目，最好能明確訂於契約書中。

有些房東會提供傢俱及設備，最好在搬進去時拍照存證，以免未來有責任需釐清時苦無證據。

要跟房東溝通是否有特殊的限制，例如是否可煮食或養寵物？您是否可轉租他人？或尋找室友共同分擔房租？您是否可整修或改裝房屋現有之設備或結構？若房東與您，任何一方違反規定或提前解約時要怎樣賠償？

簽約時記得核對對方的身分證明。契約書內容中若有更改處，雙方要加蓋印章或共同簽名，以防未來發生糾紛事情。簽約完後記得保留一份契約書。

繳納租金時，如果可以應請房東本人來簽收，若是以匯款轉帳的方式則應該保存匯款單或紀錄以證明該月份租金繳納完畢。

　　目前台灣房地產在相同區段與大小的房屋，租金比房貸還是來的便宜，先租屋不但可以確定該區域是否符合心目中理想居所的條件，又可以保有後續是否購屋的彈性，更能在租屋期間多保留一點未來買房的頭期款，減輕買房後每月房貸的經濟壓力，這也是租屋的另一個潛在優點。另外，租屋時某些生活上的不便利，剛好成為對於居住需求的經驗累積。之前自己以為某件事完全不能忍受，真正住進去後才發覺其實也還好。反而自己以為不在意的事到後來才發現是真的麻煩。

　　關於居住需求想像與實際間差距的問題，租屋是個相對花費較少而且彈性較大的求證方法。移居台灣不妨住住不同的地區，再決定以後要買的那個心目中理想的家！

Contents

Chapter 1

台灣屋基本認識

文／列當度

台灣房屋類型

　　若以房屋的保值程度來看，土地持分是決定性因素。在同一地段上，一般來說，土地持分愈高，房屋的保值性也愈大。各種房屋類型中，透天因為是屬於獨棟獨戶，因此土地持分最高。長遠來說，其價值也會高於同地段的其他房屋。其次是無電梯大樓，而電梯大樓則是土地持分最低的房屋類型。

　　而管理費收取的部分，目前大多數大樓社區都是以各住戶持有建物的坪數做為計費基準。

　　大樓式集合住宅：無論是公寓、華廈或大樓，目前管理費都以「坪」來計價，也就是您的房子坪數，乘上公訂每坪應收費金額。每一坪每月管理費標準大約從1、20元到1、200元都有，較普遍的行情，是每月每坪大約在台幣40至50元左右（台北市平均），而且是以所有權狀的建物坪數來計價，坪數越大的，管理費也越貴。通常社區（大樓）的戶數越少、分攤的人也就越少，管理費就越貴，而警衛保全人數聘請得越多、或社區的服務、設施項目越多，管理費也會越貴。

*註：每坪大約等於3.305平方公尺。

台灣的房屋類型一般可分為四大類別，當然各類型都有其優點及缺點，大家可以因應自己的需求及需要，以及負擔能力去做出選擇。

電梯大樓

電梯大樓是指樓層超過10層（台灣地下叫做一樓）並設有電梯的住宅大樓。通常電梯大樓是以小型社區型式出現，一個社區可包含三至五棟電梯大樓，一般每層戶數都會超過三戶。這種小型社區接近香港常見的屋苑，都設有警衛管理室，地下停車場，並有負責管理的管理委員會，成員由住戶代表所組成。現在不少新型電梯大樓社區都設有不少公共設施：如中

庭花園、健身室、游泳池、圖書館、TV房以及兒童遊戲室等等。至於垃圾及資源回收都會集中處理，居民不用每天按時等候垃圾車。

考慮購買電梯大樓時，可考慮以下方面：

公共設施保養

不管是華廈或電梯大樓，電梯維修保養、停車場管理、公共水電設備的維護，都是最基本的開銷。通常戶數眾多時，每戶的管理費會相對較便宜，故障處理會較迅速，而且一般都有社區管理公司幫忙跟進及處理。

社區管理

公共地方都要打掃清潔，還有垃圾集中區的衛生問題，有些華廈會請住戶自行倒垃圾以減少管理費支出。電梯大樓戶數較多，管理費用總數較多，因此有較多資源僱用人手去保持公共地方清潔。而且也可以增加保安人員數目以維護社區基本保安。

知名社區可提升房價

擁有完善管理的知名社區，通常是較受買家歡迎的，在同一地區也會較其他社區貴。因此房價隨著良好的管理水漲船高，這也是華廈沒有的優點。

電梯華廈

電梯華廈是介乎於社區型電梯大樓和無電梯公寓之間的房屋類型，是指7樓以上、11樓以下，依法必須設置電梯的建築物，一般業界都稱之為電梯華廈。這種大樓一般樓齡都超過15年以上，多數是以單幢樓型式出現。電梯華廈每層的戶數並不多，因此管理費可能會相對較高，而且大部分都沒有公共設施，所以公設比大多介於13-25%，但基本的地下停車場應該都會有。

購買華廈的優點：

屋齡較公寓新，較不用花錢重新裝修；公設比不會太高，大多介於13-25%，就是香港說的實用率高。有電梯方便上下出入，家裡有老人家的話，較方便。另外停車位就在地下室，停車方便。

購買華廈的缺點：

公共設施較短少，大部分華廈不會有太多的公共設施，不會有游泳池、健身房等。而且因為戶數少管理基金不夠，大部分華廈由於戶數較少，所以管理基金與大樓相比會相對短少許多，如果遇到公共設施需要維護修理時，住戶需另外提列一筆修繕費。停車位大多為機械升降出入口，如果停車技術差一點的話，很容易刮花車子。屋齡較大樓老舊，華廈的屋齡，大多為15年以上，外觀比起現在新的大樓，相對較老舊。

無電梯公寓

目前在台灣的無電梯公寓大部分是在60-70年代建成，總樓層不超過6層。其型式似香港的「唐樓」，沒有電梯，沒有任何公共設施，而且大部分都不設管理室。雖然業主不用繳交管理費，但在垃圾處理、大廈治安以及維修方面，業主都要面對不少問題。

購買公寓的優點：

公設比低，約為10%以內，可用面積較大樓華廈大，不用繳管理費，每個月可以省下好幾千元的支出。戶數單純，公寓的住戶較單純，頂多8-10戶左鄰右舍較好掌握，不像大樓戶數那麼多。土地持分高，遇到都市重建的的話，樓價便有機會倍升。

購買公寓的缺點：

屋齡較老舊，如果購買的話，需要準備一筆裝修費用。需要爬樓梯，如果家裏有老人家的話會較為不便。由於沒有管理所以樓梯間會比較髒亂，而且垃圾需要自己倒。停車較不便，由於舊公寓大多數都沒有規劃停車場，所以停車會比較不方便，需要另外租車位，會比較麻煩。

透天

透天厝即是指香港的獨立屋，在台灣是所謂「頂天立地」式的建築，從地下到上面產權都是獨立的。常見的透天是三層到四層，一般透天厝坪數都不會太多，約百坪以內，且使用面積也不會太大。透天厝多半散置外縣地區，台北市和新北市比較少見。大都市中由於地小人多，這種建築已不多見，而且價值不菲。一般透天都有自己獨立的停車位，還有一個私人小花園。除此以外就不會有甚麼公共設施。當然保安，維修及垃圾處理都是由業主個人負責。不過近年來出現了社區型的透天單位，型式似香港的又一村或加州花園，住戶繳交管理費用來聘請管理公司執行社區的管理工作。

購買透天厝的優點：

　　獨棟獨戶，不用與其他人擠在一棟大樓，適合三代同堂大家庭居住。停車方便，大多數的透天厝一樓都有平面停車位，停車方便。有前後院，可以自己規劃景觀盆栽，無拘無束。

購買透天厝的缺點：

　　透天的地點一般較偏遠，遠離都市，生活較不方便，要到市中心必須有交通工具。沒有管理所以安全性會比較差一些。外牆清潔麻煩，由於透天厝大多為3-4樓，必須請專業人士清潔。因為要爬樓梯的關係，如家中有老人家較為不太方便。

台灣房屋類型比較

	電梯大樓	電梯華廈	無電梯公寓	透天
土地持分比	低	中低	中	高
公設比	低	中	中	高
優點	● 有公設 ● 有管理人員 ● 設有電梯，適合老人家或行動不便人士 ● 社區維修保養較好	● 住戶戶數少，較單純 ● 一般有管理人員 ● 有電梯，適合老人家或行動不便人士	● 住戶戶數少，較單純 ● 不用交管理費 ● 實用率較高	● 獨立業權，一戶一幢 ● 不用交管理費 ● 實用率較高
缺點	● 要繳交管理費 ● 戶數多，住客質素較參差 ● 實用率低	● 要繳交管理費 ● 沒有公設 ● 大廈保養維修困難	● 沒有管理人員 ● 沒有公設 ● 大廈保養維修困難 ● 沒有電梯，不適合老人家或行動不便人士	● 沒有管理人員 ● 沒有公設 ● 大廈保養維修困難 ● 沒有電梯，不適合老人家或行動不便人士

樓花、新樓、舊樓

　　要在台灣購買合心水的房屋，除了要認識成屋的類型外，也要對房屋的新舊程度有所了解。台灣房屋出售時，也與香港類似，分為預售屋，即是香港所謂的樓花，新成屋，即是已落成但未曾入住過的房屋，中古屋，即是二手樓三種。當然三種之中，同一地段計，新屋的價錢最高，因為無論管線、牆壁、設備等都是全新的，買家不用再花一筆錢去更換或維修。其次是預售屋，因為樓宇一天未落成，買家也不能真實地看到蓋好後的情況以及景觀等。而且也會有建商「爛尾」的風險。最後，樓價最低的當然是中古屋了。

預售屋

　　即是香港的樓花，建商在向政府取得建築執照後，即可向公眾出售尚未動工或未完成的預售屋。一般視工程的進度，買家要等二至四年才能收樓。對於買家來說，如果樓市是處於上升週期中，當然會享受到房價的漲幅。另外預售屋一般可比新屋得到較大的折扣。和香港不同的是，買家可向建商要求交付「清水樓」一即是沒有任何裝修或設備，建商會按比例

減低樓價。買家也可以在收樓後按自己喜好裝修，也不會造成浪費，可謂一舉兩得。

　　建商在出售預售屋時一般是要求買家分期繳交頭款（即首期），對買家來說可以減輕財政壓力。

　　當然「針無兩頭利」，購買預售屋當然也有其缺點：簽定買賣合約時，買家只能看到樣版屋，對於座向及景觀只是靠估計。而且在興建過程中，景觀也有可能出現變化，極有可能發生實際狀況跟心中期望產生落差。除了景觀外，公共設施也是預售屋容易產生糾紛的地方，目前大部分大樓社區公共設施多為增建或二次施工，即是經政府部門對大樓主建築部分完成驗收後，才開始施工，由於沒有經過管控，自然容易產生模糊地帶。另外買家也無從估計將來同社區的住戶質素或鄰居的好

壞。如果買家有逼切的住屋需要，預售屋當然也不合適，除非買家願意額外付出一筆租金。

新成屋

　　新成屋是指建商完工，並取得使用執照後到屋齡三年內，尚未有人入住過的房屋。屋況當然是全新，買家只需按自己要求裝修就可入住，並不需擔心管線損壞，壁癌等問題。買家購入後，辦好相關手續即可馬上入住。而且景觀、座向以及公共設施都是現成的，買家可仔細觀察後才決定。不過新成屋是按市價出售，一般可享的折扣並不多。而且在簽約後要馬上繳清頭款，為買家造成一定資金壓力。因為是已完成的建案關係，一般建商也不願意為買家更改室內間隔以及設備等，買家要自行負責。最後順帶一提，如果地主提供個人土地與建設公司合建分屋，這種型式叫做合建分屋，碰上這種新成屋，買家要特別留神。常見合建分屋地主願意折價出讓，卻又堅持以「賣清」方式交易，此時應注意的是，土地增值稅與產權移轉手續費都得由買方承擔。購買之前務必委請地政士詳細計算清楚，避免最後要付高額稅項。惟當賣方不輕易減價，亦可反過頭來要求以「買清」方式交易，此時契稅及產權移轉手續費就得由賣方支付。

中古屋

　　無論房屋的新舊程度，一旦有人入住過，就稱為中古屋。相對於預售屋及新成屋，中古屋要留意的地方就更多了。當然中古屋價較低，而且市場供應多，買家可以用較合理的價錢買到心儀的單位。買家所面對的不是建商，而是個人賣家，所以有時候賣家急需金錢周轉時，買家甚至可以買到比市價低的單

位。買家也可以從社區中的鄰居以及管理人員中收集到社區以及想購買單位的資料。

　　中古屋購買時最大的問題，就是屋況一般都不會好。尤其有些中古屋經過投資客包裝、裝潢過後，連原本屋況差的地方都遮掩起來了，看屋時更容易被忽略。另外購買中古屋則需要較多的頭期款，目前銀行貸款的成數大概是七成，但有些空屋率高、地段不佳或是屋齡過高、坪數過小的房屋，貸款成數可能只有五、六成，因此購買中古屋前一定得衡量自己的資金能力，以免簽約買屋後發現貸款額不足，無法付出頭期款，導致違約。

　　台灣雨水多，特別是台北市，全年也會下雨。所以中古屋最怕原屋主隱瞞漏水問題，在入住後才發現漏水嚴重，事後需用大筆資金維修，就會得不償失。建議大家在驗屋時要特別注意窗戶縫隙、牆壁邊緣，觀察牆壁上有沒有水痕，從外觀來看是否有漏水的痕跡。此外壁癌問題也難解決，也有不少投資客裝潢的房屋，只是把壁癌用木板、裝修手法遮起來、沒有好好處理。因此驗屋時要特別留意。

　　另外水電管線問題也很重要。一般來說，只要是超過十年的房屋，水電管線大部分都會發生問題，普通的就是水管生鏽，嚴重的則可能造成水管漏水、糞管卡住、電路不足、跳電。尤其是二樓的房子，更要特別注意排水問題。通常公寓排水管線會在二樓交會再往下到一樓，因此如果水管不通，很有可能在二樓回堵，造成二樓淹水問題。因此交屋時，務必仔細試試看水管排水功能。

　　在台灣也要留意海砂屋或凶宅。海砂屋在台灣通俗的說法是指使用含鹽份的海砂摻入預拌混凝土所建造的房屋。海砂屋常見的問題有：牆壁及天花板混凝土剝落、鋼筋外露鏽蝕等，影響居住安全。不過現在各大型仲介，都會在簽約前，協助調查海砂屋、凶宅的狀況，也會在契約中特別強調註明海砂屋檢測結果、凶宅的查證保固等。所以如果真的不幸，買屋後才發

現海砂屋或凶宅問題，通常都可以依照契約，要求仲介賠償。
也可以要求銀行，暫緩或停止撥付剩餘貸款給賣方，算是相當
保障消費者。所以強烈建議大家在買中古屋時，一定要透過大
型仲介公司，避免私下與業主交易最後因小失大。

業權

　　要認識台灣的房屋，一定要對不同的產權有所了解。台灣的產權和香港不同，香港大部分物業的產權都是屬於香港政府。業主只是擁有使用權，要向政府租用土地，嚴格來說，當租約完結後，政府有權不再與業主續約。但台灣物業方面，一般買房屋是同時購買土地跟物業的所有權。不過近年台灣出現不少房屋只出售地面上的房屋和一定期限的「地上權」。因為「地上權」有使用期限，所以價格當然會比一般擁完整產權的房屋便宜上不少。

地上權基本概念

　　地上權在民法上是除了自有的土地以外，可以使用他人土地的一種權利，所以被歸屬為「用益物權」。依民法第832條規定：是指「在他人土地之上下有建築物或其他工作物為目的而使用其土地之權。」藉著地上權的作用，卻可以在他人的土地上建造房屋。對許多建築業者來說，這當然是一個大好機會，但地上權是定有期限的，目前一般設定地上權期限多為50年，通常也需支付土地所有權人相關權利金，土地座落的地

段，層層精算，預估出設定地上權人未來可以得到的權利金。雖然權利金並不是設定地上權的必要條件，但世界上沒有賠本的生意。享有地上權的權利人，除了支出權利金以外，還要負擔地租。地上權的存續期間與應繳納的地租，都是地上權的重要內容，簽訂契約的時候，都要列載在契約中。而地上權在民法上是不動產物權的一種。不動產物權「依法律行為取得、設定、喪失及變更者，非經登記，不生效力。」「前項行為，應以書面為之。」是民法第758條所規定。所以地上權的設定，除了要簽訂書面契約以外，還要由地政主管機關將書面記載的內容，登記在土地登記簿上，這才發生地上權設定的效力。

目前地上權住宅情況

　　1996年，財政部國產署標出第一批作為地上權住宅的土地，都是可分割過戶的住宅。當時政府基於活化土地標售地上權，而地上權住宅因為有使用年限，價值會隨著時間遞減，因此買方以自住為主，而非投機炒房價；再加上總價較低，可以讓收入有限一般民眾有房可住，理應是政府、消費者與建商三贏的良善政策。但第一批可分割地上權施行後，由於國產署日後得自行向三處約390個個別戶收取地租（地上權住宅不必繳地價稅，但要繳租金），且期滿後由政府自行回收土地，在電

腦資訊化尚不普及的年代深感不便，相關機關在2001年後將地上權建物標案改為不可分割，直接對口轉為開發商，以便政府不管收地租或是時間到期收回房屋，都只需面對一個開發商，不用面對許多民眾。此後國有土地之地上權建案，「使用權住宅」形式僅有開發商（建商）能成為地上權之權利人，一般購屋民眾取得僅為建商出售之建物內單位使用權，這也產生出諸多原始地上權所未設想到之法律問題：

1. 不能分割過戶的使用權住宅，無法直接向銀行貸款

　　此類型住宅，一般民眾買方不僅沒有土地所有權，也沒有房屋所有權，支付上千萬元買到的，不過是長達50至70年的房屋「使用權」。導致此類型地上權住宅不具土地價值，土地使用期限又受限，其價值認定本易起爭議。因此對於銀行來說，無法作為抵押權的標的物。實務操作上，是由建商向銀行貸款後，建商再轉貸給客戶，通常產生的利率都會比較高，或是貸款成數較低。目前市場上可能要到百分之2.8至百分之3。

2. 移轉產權仍須透過建商

　　移轉、贈與、繼承手續麻煩。不能取得房屋所有權的使用權住宅，買房無法取得地政機關核發權狀，這類的房屋雖然宣

稱可以交易，但因為建物所有權登記在建商名下，任何移轉、贈與和繼承等法律上行為都必須透過建商，無法如同一般不動產辦理相關地政登記。另外，如果建設公司倒閉了，相關不動產權利變更是否會無法進行，也是一大隱憂。

所以為免麻煩，建議首次購買台灣物業的讀者還是避免地上權物業為佳。

台灣房屋的用地類型

和香港的情況一樣，台灣的每塊土地都有其規劃用途，例如：農地，工業用地和住宅用地等等。所以並非所有用地都能蓋住宅居住，如工業區，工商混合區等，依法是不能建住宅的。所以大家在購買房屋時，特別是想在郊區買空地蓋房的朋友，要特別需要去了解土地的用途。以下是不同的建築用地介紹：

住宅用地

是指一般自用住宅建設用地，除了興建住宅外，亦可設立民生必需的商店及停車場，市場等。

商業用地

是指用作各種商業用途為主的土地，周邊區域可設住宅區，以方便工作人員居住之用。

工業用地

顧名思義，就是只可用作工業用途的土地。其中乙種工業用地是指可設立在都市內，輕度汙染的建築物。但其室內高度，噪音容許值都和住宅的標準不同。部分不法開發商會將乙種工業用地建築包裝成一般住宅出售，是謂「工業住宅」，大家要留意。另外有一種叫「工商混合區」，只可用作資訊服務業和一般服務業，不得作住宅用途，違例者會有被取締的風險。

Chapter ②

如何選擇

文／林靚

選擇城市

適宜居住的台灣

　　許多外國人來台後便會產生想定居台灣的想法，根據一些外國網友的回答顯示，台灣適宜居住的理由包括：「良好的醫療體系」、「良好的治安」、「怡人的氣候」，最吸引人的理由依然是「台灣人的人情味」，以下就來探討影響定居的基本條件。

定居的條件為何？

一、便利性

　　談到台灣的便利性首先會聯想到的便是琳瑯滿目的「便利商店」，在國外許多商店包含便利商店營業時間僅到傍晚左右，台灣則是每一間便利商店營業時間皆為24小時，台灣的便利商店內可說是無奇不有，對於臨時需要購買物品的人來說相當方便。

　　台灣在大眾交通工具的建設上相當完備，火車路線涵蓋全台，台北市的知名景點都能透過捷運、公車到達，即使較偏遠地方也能夠透過公車到達，因此許多外國人認為台北市是最適合移居的城市，尤其是對於不會開車或者未取得台灣駕照的外國人來說更為有利且增加他們移居到台灣的意願。

　　台灣健全的醫療體系是全球所認同的，且國內居民透過健保能用少許的醫療費用去醫院透過醫生去治療自己的病痛，與國外昂貴的醫療費用相比絕對是個優點，且各大縣市的大醫院都配有大型醫療設備，對於就醫以及搶救病患來說都增加其便利性，若只是小疾病也到隨處可見的診所就醫，且診所通常都緊鄰著藥局，減去尋找藥局的時間。

二、安全性

　　與許多國家相比，台灣的暴動事件相對較少，人與人之間也不太存在緊張感，對外國人來說台灣的治安數一數二的好，尤其是在遺失貴重物品時更能看出台灣的治安，大部分的人民撿到遺失物都會送往鄰近的警局，因此只要透過報警都能夠找回，僅有少部分的案件是出自於竊盜所為。

　　台灣還有一個特色，那就是處處都可見到監視器的蹤影，因此遇到搶劫或是車禍等需要證據的案件，都能夠快速地找到嫌犯，且大量的監視器能夠嚇阻潛在的罪犯，讓他們因擔心罪行會曝光而不敢去犯案。

三、人情味

　　眾所皆知的「人情味」，一直算是台灣的特色，也是吸引外國人來台的原因之一，尤其是南部人的人情味更為明顯，就連許多北部的民眾到南部玩時，都會被那濃濃的人情味給吸引住，至於東部人的人情味又不太一樣，因為東部的原住民還是占大多數，原住民的熱情是打從心裡出來的，跟他們相處每分每秒都能感到快樂。許多外國和本國人退休後都想追求簡單、互助且快樂的生活，因此他們移居的首選便是東、南部。

台灣的幸福城市

　　根據《天下雜誌》2015年台灣幸福城市的調查，全台最想移居的城市前十名裡，六都就佔了前六名，緊接著是花蓮縣、宜蘭縣、彰化縣和台東縣；除此之外根據新台灣國策智庫的調查，台中市從2016年開始一直是六都之中第一名的幸福城市。

心中適宜定居縣市

❏ 繁榮的六都

　　這六個直轄市擁有大部分的資源和許多完善的建設及設備，發展的程度相對於其他縣市也較高，且不論是食、衣、住、行、育、樂都相當豐富且便利，雖然如此但這六都還是有彼此不能取代的特色存在。

　　不容置疑的是雙北市一直是大多年輕人崇尚定居的縣市，因為在那能擁有大量的資源、最先進的資訊以及新進的產品；喜愛嚐鮮的年輕人們能在這得到滿足，追求孩子得到最完善的教育環境的父母也能在這找到資源，找尋好的工作機會、追求高薪的上班族們也能在這找到合適的工作。

　　桃園市鄰近著雙北市，是許多上班族為了節省房屋上的金錢壓力所選擇的最佳居住地，且近幾年來桃園捷運開始串連起雙北市與桃園市的交通，將來三市的交通連結會越來越便捷。

　　台中市近幾年來的進步是有目共睹的，繁榮程度僅次於雙北市，自然資源也相當多，最誘人的是怡人的氣候，冬天時不像北部那麼寒冷，夏天時也不至於像南部那麼炎熱，難怪近幾年會成為台人最想定居的城市首位。

　　台南市、高雄市最吸引人的就是在地人情味以及美食，不同於其他四個直轄市的高繁榮、高就業城市，雖然高雄市也發展出捷運等大眾交通工具，但礙於地廣的因素，在地人還是習

慣自駕，且這兩個城市還有一個優點，那就是物價和中北部相比是較低的，但缺點也是薪資較低，因此較適合退休人士移居。

❏ 愜意的東部、外島

無論是宜蘭、花蓮、台東甚至是外島，都相當適合退休人士居住，這些地區裡的自然資源相當豐富，居民們的步調都較慢，彼此有較多的時間能夠交流，且在好山好水下，人們的心情自然能夠放鬆，低壓環境的地區最適宜退休後居住，但相對的就是許多事情都變得較不便利。

移居其他縣市的理由

❏ 就職人士

■ 追求機能性

例如：選擇移居到雙北市，目的就是追求高便利性，除了交通便利外，公司及住家周圍環境的機能性要夠強，才能讓忙碌的人們能快速解決所有的生理需求。

■追求高就業機會

例如：選擇移居到台北市、台中市，目前這兩大城市的就業機會都比其他縣市來的多，且有許多工作待遇都比基本待遇還要好。

■追求豐富、多元資源

例如：選擇移居到六都，台灣的主要資源分配依然會先考慮先進的縣市，因此發展成熟的六都往往會擁有較多的資源，也較容易爭取到資源。

❏退休人士

■追求愜意感

例如：東部地區，不同於籠罩著高氣壓的繁榮城市，且車來車往的街道默默地催促著人們，每分每秒都無法放鬆，只能移居到被自然資源圍繞的東部地區才能享有愜意感。

■追求低物價

例如：中、南部地區，隨著時代的進步，物價不斷地攀升，中南部地區的物價和北部相比還是稍微較低的，因此對於

停止開源的退休人士來說，低物價的開銷能夠讓他們的經濟壓
力減低，生活過得更自在。

選擇地區

美麗的台灣寶島

　　不論北部、中部、南部或是東部，每個地區都有它獨特的特色，每個地區都有它的優缺點，至於每個人所思考移居的理由不同，自身條件也不同，因此每個地區的優缺點對於每個人來說也並非絕對是優點或是缺點，以下就簡單列出每個地區的優缺點為何，再按照自身的需求去挑選想移居的地區。

北部地區

優點：工商發展與都市化程度最高，先進的技術、資源皆集中於此區域，因此吸引許多人才大量湧入，除此之外工作機會、薪資水平相對其他區域較高；此區域擁有海、空兩大交通運輸與國際接軌，民眾要往返國外也相對方便。

缺點：發展程度高相對污染程度也較高，人口過度集中導致房價、租金等普遍偏高，薪資水平高、房價高的情況也導致物價連帶偏高；北部區域較為潮濕，且冬季有強盛的東北季風。

中部地區

優點：每當颱風來臨時，在中央山脈的保護之下，災害總能被降到最低，此區域為農業重地主要供給全台的稻米、蔬果及花卉等農產品，近幾年來中部快速發展中，許多縣市由農業逐漸轉型成觀光產業，且區域內的工業區也提供大量的工作機會；中部區域的最大特色便是它怡人的氣候，最適宜居住。

缺點：由於中部擁有火力發電廠、許多工業區，導致空氣污染，空氣品質普遍較差；雖然大眾交通運輸發達但路線安排上並不夠完善。

南部地區

優點：最大的特色就是在地人濃濃的人情味，外加數不盡的美食；步調相較於北部區域較為緩慢，是令人感到舒適的慢步調，很適合退休人士或喜愛安逸的人士移居到這；保留許多歷史古蹟，許多知名景點都散發出濃濃的歷史氣息。

缺點：四季如夏，尤其夏天時可能會感到格外酷熱；由於南部地廣大眾交通設備發展得較不完備，因此主要的交通工具要仰賴汽機車；發展程度較為緩慢，主要還是以重工業產業為主，雖然近幾年有慢慢轉型，但還不夠快速，就連墾丁的觀光業也逐漸沒落。

東部地區

優點：擁有許多未受污染的自然美景，空氣品質等也較未受到污染，且地廣人稀，較不像都市般的擁擠與吵雜，相對的步調較為緩慢，東部人的個性普遍熱情，在此居住身心靈都能放鬆。

缺點：由於東部地區的發展較為落後，因此便利性上絕對比不
上其他地區，有可能要採買東西或是休閒娛樂等都需要
車程十分鐘左右甚至以上。

挑選地區的條件

主要仍然取決於你移居時處於何階段，是為了求學？就
業？或是退休養老？每個階段所要求居住的地區的條件都不
同，因此在這簡單替各位介紹不同階段性的人應該挑選哪個地
區來居住較適合。

青少年階段（求學／職階段）

此階段主要追求的條件為：**多元機會、高資源**

在台灣，每個人都希望贏在起跑點，生活在豐富資源的北
部地區，能夠擁有較好的師資、課程等，資源多的情況就好
比擁有較好的配備，跑的勢必比其他地區的人更穩，因此普
遍家長選擇生活在北部區域的原因之一就是為了讓孩子享有最
好、最多的資源。

　　相對的求職階段的年輕人都會想要在豐沛資源的北部區域工作，除了薪資較優渥外，北部擁有較多知名企業，若能順利就職，必定能為自己的履歷大大加分，又或者得到更多升遷的機會。

壯年階段（擁有家庭）

　　此階段主要追求的條件為：**穩定性、物價低廉、機能性**

　　通常到了有家庭的階段，因為有大量的家庭支出需要考量，若又有孩子的話家庭支出的費用就變得更高，因此要考量在物價較為低廉的區域，例如中部或南部地區。

　　除此之外，近幾年中部地區的發展越來越快速，有許多知名的公司也會在中部設立分公司，因此工作機會也僅低於北部地區，教育方面的資源，也是稍稍低於北部地區而已，因此在此定居既能夠確保孩子的教育，花費也能夠較北部地區減少許多，且中、南部地區步調較北部緩慢，遠離高壓的環境下生活，較能夠安穩地長住。

　　雖然南部地區近幾年來也開始慢慢發展，但是速度仍然比不上北部、中部地區，南部地區的優點是地廣，因此若家庭人士要買房或者是租房子，較為建議居住在南部地區，空間上會較為舒適。

老年階段（退休人士）

　　此階段主要追求的條件為：**安逸且舒適的環境**

　　其實此階段的人所追求的應該偏向慢活生活，因此會建議挑選東部地區來定居，透過東部地區的美景能夠洗滌自我的心靈，在退休的日子裡找尋人生的第二興趣，且老年人居住在東部地區的好處是，能夠遠離庸庸碌碌的日子、受污染又吵雜的環境。

　　若擔心東部地區的醫療設備較不完善且就醫較為不便利、機能性不夠好，則建議選擇中南部居住，尤其是中部地區，除了怡人的氣候適宜居住外，更重要的是他的機能性僅略差於北部地區，而南部地區則是較有人情味，在南部居住不必擔心會感到孤獨，且這兩個地區的醫療相當完善，不必擔心生病時因為地區問題而延誤就醫。

☆小提醒☆

綜合以上，其實台灣這個寶島，不論哪個地區都有它迷人的特色，要挑選適合自身居住的地區，除了以上幾個簡單的面向外，還是建議確定地區後好好挑選「居住地點周遭的環境」才是最為重要的，畢竟移居就是為了追求比現在居住地更適宜自己居住的地方，所以各方面向都須納入考量，慎重決定後再移居才最為重要；最重要的一點是「在外國人眼裡，台灣本身就是個適合移居的國家」。

周邊設施

挑房前的注意事項

不論是買屋或租屋，房子周圍的環境與設施務必謹慎挑選，以免居住過後才發現周遭的環境會影響自己居住的心情、健康等，又或者周遭的設備不夠完善，導致機能性以及便利性不足，而產生一連串因不方便而以起的不愉快；因此挑選房屋之前的事前作業相當重要，也是本章節要探討的重點。

大環境

在選擇何種類型的房子之前，首要的先決條件為，想居住在怎樣環境的區域，居住在好的環境下，自然而然就會想長久定居下去，而何謂好的環境呢？主要可由以下幾點去判斷：

交通運輸

找房最優先的考量條件便是房屋周遭的交通便利性，而交通的便利性的考量分為兩部分，其中一部分是大眾交通運輸，另一部分則是主要道路與對外道路。

首先先探討大眾交通運輸的部分，大眾交通運輸包含捷運、公車、火車和高鐵等，能讓通勤族能夠以較便利且低花費的方式去上下班或者上下課，尤其除了公車以外，捷運、火車以及高鐵的速度都相當快且較為穩定的。

另一個要探討的就是主要道路與對外道路的便利性，尤其是許多在雙北市工作的人會為了節省租屋成本，而選擇居住在桃園市、基隆縣以及宜蘭縣，這時對於駕駛人來說必須考量到的交通便是便利的對外道路；總結來說，交通的事前功課絕對是找屋的第一要件。

周遭環境

在台，大多數人最排斥的就是居住在「垃圾掩埋場、殯儀館、焚化廠、發電廠、高壓電塔以及砂石場等」這些有害身心靈健康的設施，除此之外許多人也不願意自己居住的住宅附近有博弈遊樂場、聲色場所，甚至是KTV等也一概納入拒絕條件裡頭，這些容易影響人們休息時間的場所是人們避之唯恐不及的，尤其是在深夜裡，微小的聲音都可能會影響到住戶們的安寧，因此找房前務必先前到方圓一公里內繞繞以免入了賊窟。

生活機能

　　挑選在生活機能越好越完善的區域居住，能使人想搬離此區域的理由大為下降，生活機能的衡量包括「飲食、民生用品的採買以及就醫的困難程度」去評比，尤其是在飲食、民生用品的採買這項衡量標準貴為重要，人的生理需求若無法被滿足，就容易造成人口嚴重地外移，人們也相對地較不會想選擇在此區域居住；而就醫的困難程度這項衡量標準就略為不重要，畢竟生病不是常態，因此對於人們來說醫院、診所只要距離不超過10-15公里，應該都能在居住的考量範圍內。

住宅類別

在台灣，房屋的使用可分為，商業用途、工業用途，還有住宅區，若僅是為了居住才找房的話，便會推薦您找尋住宅區，至少對於其他房屋用途來說相對單純；若除了居住外還同時想要營業的話，建議挑選住商合一的大樓，又或者挑選在商業大樓、營業店面附近的住宅居住，但貼心的提醒各位，居住在從商的大樓、店面裡頭甚至附近較可能因為出入的人眾多而導致安全上較難以掌控。

最後想獨立談論工業用途的房屋，撇除自身工作所需以外，對於找房的人來說，會建議挑選離工業區較遠的房屋居住，畢竟工業設備所產生的音量較大，甚至許多工廠所排放廢棄物會連帶影響周遭的水源以及空氣，長久居住在這樣環境的周圍，容易危害自身的健康。

公共建設

無論從教育、經濟、醫療到體育，現今公共建設所涵蓋的範圍相當的廣，因此前述的條件都已考量完畢以後，便可以思考自身的興趣為何而決定所要居住在何種公共建設的周圍；像是本身是喜愛運動的人，就會建議找尋周遭有運動中心、公園

等的公共建設，或者本身喜愛閱讀便可以找尋圖書館周圍的房屋居住，又或者本身喜歡文化與藝術便可以居住在美術館、博物館周圍。

小環境

俗語說：「千金難買好厝邊」，便可知從古至今鄰居的好壞相當重要，雖然現代人與鄰居的關係往往是點頭之交，甚至許多人住了許久還不認識自己的鄰居。除了鄰居以外，此節還有談論到其他與小環境有關的小細節。

左鄰右舍

俗語常說：「遠親不如近鄰」，許多大小事發生時，往往最快能夠幫上忙的人就是鄰居；通常要判斷鄰居類型的簡易方法，便是從屋齡下手，通常屋齡越高的房子所居住的鄰居年齡層也會偏高，且在此出入的人口也會越多，原因是因為大部分年紀長的長輩膝下都育有兒女和兒孫；雖然找房前無法確定隔壁鄰居的為人如何，但能夠在入住後透過彼此間交流去維繫鄰居間的情誼，也能減少許多不必要的住戶糾紛。

公設比例

　　時下的新屋大多都是以公寓大樓為主，因此公設比例便顯得相當重要了，尤其是現今許多售屋廣告直接主打最低公設比，目的就是為了吸引買方能夠購買到合理的使用坪數，公設比高低的需求仍然還是得看個人最於居住環境的要求為何，像是有些人喜歡使用自家大樓的健身房、游泳池，這樣的住宅公設比就會相對偏高，而許多打著公設比低的住宅也未必是好，很有可能是建商將大廳、樓梯和電梯等的空間縮小，因此在購屋時必須將公設部分詳閱清楚，是否合乎自身要求。

停車空間

　　在都市，停車空間是每個駕駛人找房所考量的要點之一，最怕的就是找得好房卻沒有附設的停車位，就連就近的停車空間也找不到，因此找房前除了問清楚是否附車位以及周遭是否有停車場之外，另一個小細節要注意的是「車位的租金費用是否涵蓋」，不論租屋買屋這一點都相當重要，買房的話只要注意房價是否包含了車位，而租房的話必須注意除了是否涵蓋以外，還需要注意車位的租金計算方式，以免重複繳納。

座向

房屋座向的判斷

　　老一輩的人常說「一命二運三風水」，既然命和運不能由自己掌握，至少可以透過風水來改變命運。基本上座向會影響採光、通風以及風水，因此許多人挑選房屋時會帶一個命理老師，目的就是為了確保此屋擁有好的風水，本章要探討除了迷信的風水外，還有另一大重點那便是採光以及通風，挑選不同座向的房屋所造成採光、通風呈現的不同優缺點。

☆小提醒☆

　　座向判定方法：人站在屋內看向大門的方向，若正面面對的方向為南方，則為「坐北朝南」；若正面面對的方向為西方，則為「坐東朝西」。

　　若居住在大樓的話，許多人家中進門後還有一道落地窗，則座向的判定需以此落地窗為基準，視為判定用的大門。

坐北朝南－冬暖夏涼

　　選擇此座向的房屋通常採光會較好，台灣位處於北半球，陽光大多數從南邊照入，因此門窗面向南邊的房子接受到較多的陽光照射，因此光線較好，光線好的好處還能夠節省電費，且採光好的房屋，陽光容易照射進來便不容易造成太過潮濕而導致家具發霉。

　　台灣夏季時，光線照射會較偏向北，因此坐北朝南的房子較能夠抵擋炎熱光線直射，會比陽光直射的房屋較為涼爽；而在台灣冬季時，光線照射會偏向南且吹東北風，因此門窗面向南方較能夠抵擋寒冷的冷風進入，會使屋內較為溫暖。

坐南朝北－冬天較冷

　　坐南朝北的房屋門窗開口正好與坐北朝南的房屋相反，因此會面臨到冬天時冷風從門窗直接灌入房屋內，導致待在屋內更為感受到寒冷，且冬天的光線照射較偏向南，剛好與坐北朝南相反的容易造成陽光照射不進來導致房屋潮濕。

坐東朝西－午後較熱

　　由於太陽東升西落，坐東朝西的房屋在上午時陽光較不易直接照射進房屋內部，而到了下午太陽就會從西邊直接照射進房屋內部，因此在午後時容易因為陽光直射導致溫度較高，尤其是在夏季暑氣逼人的狀態下又外加上太陽西曬直射若長詩間待在屋內可能會覺得酷熱難耐，若因為酷熱而開冷氣的話，可能會導致電費驚人；雖說如此，還是有許多人找屋會挑選坐東朝西的房屋。

坐西朝東－起床舒服

　　若家中有學生、上班族的話，坐西朝東的房屋會較適合，因太陽東升西落的特性，一早接受到陽光直曬能夠使人的腦袋

清晰且身心愉悅，這樣的房屋光線充足、充滿生氣，能使居住在內的家庭成員身心都較為健康。

依風水而論

❏ 坐北朝南：帝王位／俚語：攏住好野郎

財位和旺位均位於房屋的西南方和正北方，文昌位位於房屋的東北方。

不適宜屬：**虎、馬、狗**生效的人居住

❏ 坐南朝北：迴風旺／俚語：賺錢穩達達

正南方是運勢最好的地方，財位、旺位和文昌位都在這個區域。

不適宜屬：**鼠、龍、猴**生肖的人居住

❏ 坐東朝西：俚語：賺錢無人知

財位和旺位皆位於北方和東南方，文昌位位於西北方。

不適宜屬：**牛、蛇、雞**生肖的人居住

❏ 坐西朝東：富貴家／俚語：賺錢真輕鬆

財位和旺位皆位於房屋的西北方、東南方以及正南方，文昌位位於西南方。

不適宜屬：**兔、羊、豬**生肖的人居住

大眾挑選的座向

現今大部分的民眾大多不會在意房屋的座向，原因在於現今的人們不再是為了風水而去挑選居住的房屋，而是透過採光、通風等條件以及居住周遭環境而去判斷所挑選的房屋是否適宜居住，又加上現今建設的技術已克服許多因座向而產生的負面問題，因此在挑選時會忽略了長久居住可能產生的問題。

此章節便想透過大眾喜愛的座向來告訴讀者，除了賞屋當下的感覺外，還是需要透過長期的房屋座向去參考此房屋是否適合長久居住，目的不在於風水好壞，而是在於居住在台灣就該挑選適合台灣房子的座向，挑選對的房屋座向勝過於挑選好裝潢的房屋。

從古至今的坐北朝南

　　大部分挑選房屋仍然會選擇坐北朝南的房子，老一輩的人的理由是出自於風水，認為這是帝王位般的風水，因此居住在此座向的人，必能夠飛黃騰達，且能夠使運勢如日中天，老一輩的人認為，除了自身能力以外，風水更能夠促使人一生有成；而現代人挑選坐北朝南的房子的理由為了追求冬暖夏涼，此一能夠節省許多電費的開銷，例如：冷氣機、電暖器等，此二較能夠使居住在此房屋的人身體健康，較不易受寒以及中暑；綜合以上來說，此座向的房屋能夠受人喜愛，原因出自於這樣方位的設計能夠符合太陽東升西落的特色、四季季風所吹的方向。

受人喜愛的坐西朝東

　　人們常說一日之計在於晨，坐西朝東的方向能夠在晨間接受到陽光，在風水上看來迎向「紫氣」的東窗是相當吉祥的，人們常說的紫氣東來便是這個道理，因此坐西朝東的房屋能使祥瑞之氣源源不絕、家運生生不息，因此老一輩的人也相當喜愛此座向的房屋；但對於現代人來說，此座向的房屋能夠在早晨時帶來滿滿的生氣，使人在一早便能夠充滿能量，且早晨的

陽光不至於太過熾熱，因此舒服的光線、怡人的溫度最適合人們居住，且不必擔心採光與西曬的問題，也能節省電費以及設置防曝曬的工具。

☆小提醒☆

若真的無法挑選到適宜居住的座向的話，能夠藉由一些後天所加設的工具去避免那些令人不適的氣候因素，像是坐東朝西的房屋只需要加設防西曬設備便能夠解決午後太陽曝曬問題，而坐南朝北的房屋可試著加裝氣密窗、密封性佳的門去克服北風問題，而潮濕的問題也能夠藉由加裝除濕機解決。

山邊、河邊

依山傍水便是好房嗎？

古時候的人，居住的房屋通常會建置在靠近河邊或者靠近山邊，因為這樣的地理位置風景秀麗，居住在此能使人身心愉悅，但居住在靠山靠水的房子便是好房嗎？其實就風水學來說並非如此，有相當多會影響居住運勢的細節，此章節便要告訴讀者如何挑選房屋的地理位置。

靠近山邊

房屋若是依靠著山形而建造，在風水學上便稱之為「靠山」，依據不同山形建造的方位也不見得相同，因此建造的方位若選得正確，在風水學上便能夠大大得利、增進運勢，而選擇錯誤可能也會造成運勢不好而錯失良機，且山的走勢也會影響家中男女的運勢，像是山脈左高右低，就造成青龍高白虎低的現象，易造成陰陽不平衡等延伸出的問題，而左低右高又會違反左青龍右白虎的風水原則。

靠近山邊的房屋有一大好處，便是能在綠色植物的環境中生活，能使眼睛放鬆、吸取芬多精，相對的壞處是要擔心水土保持不良，易造成土石流等自然災害。

靠近河邊

若居住的房子附近有水源的話，代表天然的財庫，在風水學上水代表「財」的意思，但切記水源還分為活水以及死水，若房屋附近的水源為死水的話，會導致財運會停滯不前。

撇除風水學來談論靠近河邊的房子，會發現這樣的房屋能夠擁有好的視野且徐徐的風夾帶著水氣會更加涼爽，但缺點是河堤的防水、排水系統若建置得不夠完善的話，容易在大雨過後溪水暴漲時發生水災，淹水是小，嚴重可能導致房屋受到侵蝕，長期下來可能會危害到房屋的主架構，可能導致隨時會面臨倒塌的危機。

居住的房屋附近有大排水溝的話，無論在風水學上或者實際挑選房屋上都較為不好，在風水學上，水溝屬於死水，且帶有「穢氣」；由於家中的髒水、附近工廠的污水等都是直接排向大排水溝的，容易造成大排水溝產生出令人不舒服的氣味，

我們也稱之為「穢氣」，因此挑選居住的房屋時，建議先到附近晃晃是否居家附近有大排水溝。

靠山靠水

在風水學中，「背山面水」的房屋是最理想的格局，背山能夠使人有安全感、依靠感，面水則能使人有遠見、智慧以及富裕，只可惜這樣地形的城市少之又少；若居住在「背水面山」的房屋容易使運勢衰退、影響前途，因此靠山靠水的房屋並非全都屬於好房屋；依山傍水的房屋若伴隨著地平穩、光線充足，會使人的運勢更好，且居住起來也會較為舒適。

若是以建築學來看，居住在這樣房屋的人，需注意上述靠近河邊、山邊所需注意的災害重點，像是土石流、水災等問題，雖居住在靠山靠水的房屋能夠擁有好視野、好的環境，倘若沒注重水土保持，最終可能會被大自然反撲。

位於斜坡

若居住的房屋是建置在斜坡上，甚至是背對著斜坡，在風水學上稱之為「退運屋」，代表居住在此的人，整體運勢會開始走下坡；房屋若位於平穩的地面上也意味著運勢較為平

穩，而位於斜坡之上也意味著運勢凶險，容易家財散盡、家離人散。

依建築學來看，居住在斜坡上的房屋，容易在地震時因地層滑動導致的龜裂和局部塌陷，容易使房屋變得不穩外，嚴重可能還會造成房屋坍方。

台灣各地區地理位置

全台除了南投縣以外，各縣市中都分佈著不同的鄉鎮是靠近海邊、山邊的，此節就是想為大家歸納出哪些地區主要為何種地理環境，再依上一節所提到的靠山、靠水所該注意什麼，而去挑選所想要居住的縣市地區。

☆小提醒☆

台灣位於地震帶，因此許多靠山的鄉鎮都要特別注意土石崩塌的現象，容易因為板塊移動而導致落石擊中房屋以及造成房屋龜裂等問題。

北部地區

繁華的北部地區，有許多地區靠近河邊，居住在河邊的民眾除了在意風水外，許多人挑選這樣的地區居住是為了在吵雜

的都市中找尋一點寧靜，在夜晚間騎著腳踏車伴隨著河邊的微風，實在是人生另一種享受。

在北部地區較難以考量房屋是否靠山，靠水，除了金錢上的壓力外，北部地區高樓鼎立，實在難以強求房屋是否靠近山邊或是河邊，但能夠透過居住在高樓層而達到面山或者是面水的風水優勢，此外居住在高樓層也能夠增加光線透入室內的可能性，光線充足便能使運勢增加。

中部地區

基本上中部地區靠近海邊的房屋大多都是工廠且作為工業區使用，除此之外還會有漁民在海邊附近留有魚塭，由於靠近海邊的房屋容易被夾帶海水的海風侵蝕，因此大多數民眾不會選擇居住在靠近海邊的房屋。

中部地區還擁有一個不靠海的縣，那就是南投縣，南投縣裡的房屋基本上都屬於靠山的房屋，因此選擇居住在南投縣的民眾，找尋靠近水源處，便能夠達成靠山靠水的好地理位置。

南部地區

南部地區的鄉鎮相較於其他地區來說屬於較不靠山也較不靠水的區域，但在南部地區裡的高雄市裡頭有一條相當著名的愛河，它流經高雄市中心，整治過後的愛河使周遭的房價稍微提升，雖然上揚幅度不大，但至少處於保值的狀態。

東部地區

雖然大部分東部地區的鄉鎮都被中央山脈給貫穿，但基本上會建議選擇、考慮居住在東部地區的民眾，選擇居住在靠近海邊的房屋，一方面除了風景好以外，另一方面是擔心許多地區常因颱風挾帶著大雨侵襲，導致土石坍方，甚至許多地區在颱風來臨時、豪雨時都會事前發布土石警報，因此不建議居住在東部靠近山邊的鄉鎮。

交通

交通完善與否？

　　對於大多數人在挑選房屋之前的首要抉擇條件皆為交通便利性，先前幾章節便稍微提及過了，本章特別整理出一系列交通的優缺點，且將交通細分為大眾交通運輸以及自備交通工具兩者，讓讀者們能夠依據本書去挑選適合你的「交通便利性」。

大眾交通運輸

　　在台灣，不論長途型或是通勤短途型的大眾交通運輸建設都相當完善，尤其是雙北市內的捷運，對於通勤者來說更為方便，而高雄市內的捷運則是利於觀光者方便旅遊；利用高鐵往返台北、高雄兩地也相當快速方便，台灣也擁有四個國際機場往返國內外；此節就要帶大家來了解居住在大眾交通運輸附近擁有便利性外，還能擁有何種優點以及缺點。

❑ 長途型交通運輸

◆ 飛機

優點：若你是經常往返國內外的人士，你可以挑選在桃園大園
區、台北松山區、台中沙鹿區和高雄小港區附近的房
屋，能夠方便你在往返機場的時間縮短，尤其是桃園大
園區的桃園國際機場是台灣的國際航空樞紐點，因此前
往其他國家的航班數最為齊全且便利。

缺點：居住於機場附近的房屋時常會受到飛機的起飛與降落所
製造的噪音影響，導致居住品質較為不佳，尤其是有
些班機是凌晨起飛和降落的，這大大影響到附近居民
的睡眠品質，若你是淺眠的人影響更具嚴重；因此建
議若非經常需要出國的讀者，較不推薦挑選機場附近的
房屋。

◆ 高鐵

優點：自從高鐵開通後，使許多北上、南下的學生、上班族能
夠節省返鄉的時間，不必擔心短短的週末假期卻得花上
大把的時間在通車上而影響返鄉的念頭，此外若在台北
工作的上班族會建議選擇居住在桃園高鐵站附近，一來

能夠節省房屋支出，二來從桃園搭乘高鐵到台北僅需要二十分鐘左右便可到達。

缺點：若選擇居住在高鐵附近可能要考量到高速行駛下產生的噪音問題，除非居住的房屋附近是地下化高鐵才可能避免此困擾，此外台灣目前的高鐵站都建設在開發程度較低的區域，因此居住在高鐵站附近必須考量到生活機能性方面的問題，但相對的若高鐵站高度開發後可望能吸引到商家進駐，此舉便能提高生活機能性。

◆ 火車

優點：選擇居住在火車站附近（尤其是大站）能夠提高往返其他縣市的交通便利性，尤其是火車有一大優勢，它擁有唯一遍佈全台且連接所有縣市的特色，普悠瑪號、太魯閣號開通後，更加提升往返東部地區的舒適性。

缺點：大部分的台灣民眾在選擇搭乘長途型大眾交通運輸時，首要選項便是火車，且火車票價與高鐵票價相比還是相對便宜許多，所以許多學生還是會選擇搭乘火車返鄉，因此火車站附近容易受到大量接送的車潮和往返的人潮影響，使周遭的道路容易壅塞，且人多車多時容易產生噪音。

❏ 短途型交通運輸

◆ 捷運

優點：雙北市的捷運便利性早已是眾人皆知的，捷運班次與班次之間相當接近，即使錯過班次也不需要花費過多的等待時間去等待下一班次，對於通勤族來說相當有利，因此北部相當多的通勤族挑選房屋的先決條件便是須接近捷運站。

缺點：挑選捷運站附近的房屋，所會面臨到的最大缺點為金錢支出較多，不論是租金上或是房價上都相當高，且北部搭乘捷運的人相當的多，因此每天通勤時刻將會面臨到人潮擁擠的狀況，若非通勤者並不建議選擇居住在捷運站周圍，因擁擠的人潮對於自行開車的民眾來說較為不便。

◆ 公車

優點：公車路線有許多支線是搭乘火車、捷運無法到達的地方，因此對於去較偏僻或是較偏遠的場地時，能夠透過公車到達目的地，且公車的收費較為低廉，在台中市更推出10公里免費搭乘，相當適合國、高中生族群搭乘；公車站牌通常不會只包含一個路線，因此居住的房屋附近有公車站牌的好處是能夠利用公車前往許多不同地區。

缺點：除了六都的公車便利性較為足夠外，其餘縣市的公車便利性依然不夠完善；若居住的房屋前方有公車站牌的話，門口可能會被等公車的民眾給佔據，除此之外有些民眾可能會殘留些許的垃圾在家門口。

◆ 火車

優點：除了北部地區以外，其他縣市若選擇跨縣市或鄉鎮工作、讀書的民眾，大多通勤者會選擇的大眾交通工具為火車，除了搭乘和到達的時間較公車好掌握、快速外，購買月票搭乘也能省下許多交通費，因此居住在火車站附近的通勤者，能夠省去轉車到火車站的困擾。

缺點：通勤者在通勤時間將會面臨到大量的通勤人潮使得火車
　　　站相當擁擠，且週末前的返家人潮更使得火車站周圍水
　　　泄不通，此外依然會面臨的人潮和車潮所帶來的噪音
　　　問題。

自備交通工具

　　大部分中南部民眾都是使用機車、汽車作為代步的工具，
因此對他們來說「道路」便顯得相當重要，此外道路還細分為
對內道路以及對外道路，舉例來說，「許多彰化人會到台中工
作，因此對彰化人來說到台中的對外道路極為重要。」「對內
道路便是牽起城市內大大小小鄉鎮的重要角色。」

優點：使用汽、機車作為代步工具最大優點為機動性高，無論
　　　要去哪都能夠透過地圖到達，不用被路線給侷限；且對
　　　於平時利用汽車作為代步的民眾來說，居住在高速公
　　　路、快速道路附近更便利於他們來往其他城市。

缺點：居住在高速公路附近的一大缺點為時常到了夜晚還是有
　　　車輛經過，容易影響睡眠品質，若居住附近的高速公路
　　　和快速道路有許多大卡車行經，則音量更為明顯，且路

面容易被壓壞，因此民眾若要選擇居住在高速公路附近，則要三思是否經常要往返其他城市，若不頻繁便不建議選擇於此居住。

Chapter 3

租屋

租屋之十大注意事項

文／黃文彪律師

核實身分

承租房屋時，緊要先查明出租人的身分，其屬該房屋的所有權人或是轉租人，若是轉租人，必須要求轉租人提供可轉租的證明，否則，出租人若沒有轉租權限，引伸的法律關係會甚為複雜，承租人甚至有不可能承租該房屋居住。若出租人為房屋的所有權人，承租人可以前往地政事務所查核該出租房屋之所有權人資料，並可請出租人提供房屋所有權狀作為身分之核對。

仲介費用

若承租人是透過房仲業的撮合才與房東簽訂租賃契約的話，出租人及承租人均需要支付仲介費用，依法仲介費用最高可以收取相當於1.5個月的租金。至於出租人及承租人各負擔多少比例，法律未有規定，一般是依契約約定的。而一般實務

之慣行，出租人應支付1個月的租金作為仲介費用，而承租人則負擔0.5個月租金作為仲介費用。

保證金（押金）

承租時房東都會要求承租人先支付保證金（押金），而依法律規定，收取保證金（押金）最高不得超過相當於兩個月的租金。若約定超過兩個月的租金作為保證金（押金）者，超過的部分應屬無效。

稅項負擔

若承租人為公司的話，當承租辦公室或員工宿舍時，應與房東約定有關租賃稅是由出租人負擔或承租人負擔。若出租人為公司者，雙方應約定該租金的總額是包含5%增值稅，或者需要在租金外另加5%稅金。而出租人為個人身分時，因租金的收入，出租人會涉及到每年申報個人所得稅的問題，雙方也需要約定好有關稅金之負擔問題。

契約公證

租賃契約是否需要公證，在法律上並無強制的規範，但為避免日後發生糾紛時，冗長的訴訟程序，建議仍須辦理租

賃契約的公證。租賃契約公證的好處在於可讓租賃雙方皆受保障。亦即只要在公證書內容中，載明應逕受強制執行的項目，一旦發生如：欠租、房客交還房屋及違約金、房東返還押金等糾紛時，就不需再歷經繁瑣的訴訟流程，便可直接透過法院執行強制執行便可處理。因此，出租人和承租人就能獲得逕付強制執行的保障。

違章建物

承租時，建議先請房東提供「建物所有權狀」確認，若無法提供權狀，則多數為違章建物，此類建物通常是比較風險的，例如：頂樓加蓋、夾層屋、擅自更改房間的隔間數或陽台外推，由於改變了住宅的原有設計，建築體載重負擔因而增加，萬一遭遇地震、風災，建物安全堪虞。另外，此類違建多無足夠的消防設施及逃生通道；違建材質常見有鐵皮屋、木板隔間等等，一旦發生火災，往往釀成嚴重災害。若被檢舉，違章建物也將會遭主管機關拆除之可能。

內部裝修

若承租人希望在承租單位內進行某程度的裝修或變更房屋的結構，例如兩房合為一房，陽台外推等等，雙方應在租賃契

約中訂明相關細則，或附上設計圖輔助，另外，也應明訂當終止租賃時，是否需要回復原狀、是回復至裝修前的結構或是裝修完成時的結構。

公司登記

承租人若承租房屋的用途是作為辦公或店舖時，應於承租前，先提供該承租地址給專業人士（例如會計師）查核該地址是否能作為公司登記的地址，若承租後發現該地址不能作為公司登記而又有經營之事實時，有可能違反多項法律的規定，並有可能需要繳納罰鍰。若承租人承租的用途是一般住宅，當然就沒有這個疑慮了。

提前終止

租約通常會約定提前終止時之違約金，依法律規定，違約金最高不能超過相當於一個月的租金，而且，承租人可以選擇在保證金（押金）中扣除，若有餘款，房東應依法退回給承租人。

另外，若承租人以一次支付半年或一年的租金，在中途又想提前終止時，房東的理由常以市售版本契約之中約定：

「契約期間乙方若擬遷離他處時，乙方不得向甲方請求租金償還……。」拒不返還。惟，不得請求租金償還，應指當期（月）的租金返還而言。若房東不返還預收之租金，恐有違反民法的規定。

承租人終止租約

出租人有下列情形之一者，承租人得終止租約：（一）房屋損害而有修繕之必要時，其應由出租人負責修繕者，經承租人定相當期限催告，仍未修繕完畢。（二）租賃關係存續中，因不可歸責於承租人之事由，致房屋之一部滅失者，承租人得按滅失之部分，請求減少租金。若減少租金無法議定，或房屋存餘部分不能達租賃之目的。（三）房屋有危及承租人或其同居人之安全或健康之瑕疵時。

台灣租屋經驗分享

文／列當度

對於不少計劃移民來台灣的香港朋友來說，第一步肯定是選擇要開設公司的類型，然後下一步就是要決定落腳的地方。一般來說，筆者都會建議各位不用太心急，初來報到就要立刻買樓自住。雖然台灣的樓價對比香港是相當吸引，而且普遍景觀、質素都要比香港好，選擇也十分多。但人生路不熟，最後買到不合心水的樓機會十分高。倒不如先租住一兩年，慢慢觀察，找尋適合自己的地方，然後才買樓方為上策。當然我們也會介紹台灣買樓要注意的事項，會在以後的篇幅再討論。

居住城市及地區

台灣的面積是香港的13倍。北部，中部，南部，東部無論生活環境、氣候、物價都存在不少差異。建議大家事前花時間去親身看一看。簡單來說，北部是台灣經濟重心，不少國際機構會在台北設立分部。工作機會多，薪金較高。當然物價也較高，生活節奏似香港。北部較常下雨，因此較潮濕，而且冬天較冷；台中就文化氣息較重，生活節奏較慢，天氣

相對怡人，下雨量不多。另外台中東部有阿里山及玉山等高山作為屏障，因此它受到颱風吹襲的影響較輕微；高雄是傳統工業城市及主要港口，有捷運，天氣較炎熱；台東宜蘭風景怡人，而且有很多出名的溫泉，是旅遊熱門城市。但要注意的是較受颱風影響，地震也較為頻繁。物價及租金來說，北部最高，南部及東部最低，台中就是介乎中間位置。當然如果在旅遊區，物價及租金就會較高一點。

初來台灣時不免人生路不熟，建議各位可以先花時間到每個城市看一看，再決定要在哪裡住。決定了居住城市後，就可選擇居住地區，每一地區的生活機能，環境都不同，真是要花時間了解才能明白。舉例說，新北的林口區較多港人居住，因為它是新發展區域，街道較整潔及寬闊。而且就近OUTLET，附近又有不少食肆及有醫院，生活配套不錯。交通方面有鐵路連貫台北市及桃園機場，十分方便。而在台中的西屯區也有不少港人居住，和林口相類似，西屯也是新發展區，市容較整潔，而且市政府也是在西屯區，因此可算是市中心。生活配套不俗，區內有幾間大醫院，又有全台最大的逢甲夜市。老牌百貨公司大遠百和新光三越也在西屯區，所以購物飲食都有很多選擇。另外西屯區比鄰台中清泉崗機場，回香港探親也十分方便。

　　不少朋友都會問有甚麼地區可作推薦，其實選擇真是因人而異。首先大家要列出自己的需求，是要市區，還是郊區抑或是旺中帶靜。然後是自己常用的交通工具，是巴士、捷運還是自行開車，都十分影響你居住地的選擇。如果有小朋友，就要選擇附近有學校的；如果家裡有老人家，就最好選擇近醫院的，因為如要看病也較方便。

　　筆者個人也十分推薦在大學區附近居住。大學校區的消費對象是學生，所以物價相對低廉。另外飲食，購物娛樂選擇多，而且營業時間長，不像一般台灣食肆，在中午2點至5點是不營業的，在晚上8點就會打烊。當然居住區域最好是在你們開始的公司附近。

搵租盤的渠道

　　現在台灣搵樓盤普遍都流行上網搵，最出名的網站是591。很多業主，中介（經紀）都會把手上的樓盤資料放上網頁。好處當然是圖文並茂，大家找到心儀的單位才聯絡親身看樓，可節省不少時間。另外如果是業主直接放盤，連經紀佣金也可以節省。但當然網上的資料不能盡信。而且我們初來台，人生路不熟，也難核實業主的身份，很容易會陷入騙徒的陷阱。所以筆者都是建議大家搵合資格的地產仲介，591網上的資料可作參考。除了上網，也可以到各區的地產舖頭。在台灣，租客所付的佣金是半個月租金，當然佣金是可以商量的。另外較特別的是各位也可以直接到心儀大廈的管理處，查詢有沒有租盤。

住宅類型介紹

　　和香港不同，台灣的住宅類型五花八門，以下筆者會為大家介紹常見的住宅類型。

雅房

類似香港的劏房，一般沒有間隔。租金便宜，對象都是以學生為主。缺點是要共用廚房及廁所。

套房

比雅房大一點，不過有獨立的廁所，而且一般有簡單的廚房。套房好處是租金便宜，多數是位於市中心位置，交通方便。對象多數是以學生及單身上班族為主。

公寓

指6樓（含）以下建築物，稱為公寓，依法可以不設置電梯。通常市面上的公寓大多沒有裝設電梯，但若加了電梯，也可稱為電梯公寓。公寓類似香港的唐樓，一般沒有管理員，治安沒有保障，垃圾也要自己處理。

華廈

指7樓以上、11樓以下的住宅，依法必須設置電梯的建築物，一般都稱之為電梯華廈。普遍都是一幢獨立大樓，而不是屋苑。多數華廈都會有管理員。

大樓

指12樓以上，依法必須設置電梯的建築物，一律稱為大樓（或電梯大樓）。但也有不少房仲人員，將所有7樓以上建築均稱為大樓，其實以一般人習慣用語來講，並沒有太大差別，主要講的就是要有電梯就對了。現在多數屋苑式住宅都是以大樓為住，和華廈一樣都是設有管理室。

透天

樓高約3或4層，樓下有店舖或停車場，多數是一整排的，和隔壁的單位相連。因為整幢都是屬於一個單位，一般都是沒有管理員和需要自行處理垃圾。透天的優點是面積較大，有私隱度。但壞處是蛇蟲鼠蟻較多。由於上落樓層要爬樓梯，對老人家來說也會造成負擔。另外住透天，鄰居質素很重要。壞的

鄰居可以造成很大滋擾，如可能亂泊車在你家門口或傾倒垃圾在你門前，這點要特別注意。

別墅

跟透天相似，都是3或4層高的單位。不過多數是獨立一幢，不會和其他單位相連。一般都有一個小花園及地庫。別墅大多數是在郊區。別墅的問題和透天相類似，不過現時有一些豪華別墅在屋內置有電梯，但要注意保養維修的費用。現時也有一些社區型別墅，形式和香港加洲花園差不多。他們會有管理員及集中處理垃圾而不用自己去追垃圾車。最近流行溫泉豪宅別墅，有真正溫泉水流入，不過保養費用高昂。

租樓注意事項

● 注意居所的生活機能如何：有沒有公園、學校、醫院、傳統市場、超市、大賣場、便利店及餐廳等。如果每次購物都要開車或坐交通工具會十分不便。

● 最好在大樓附近有便利店，因台灣的便利店可以幫你處理很多事情。而且便利店24小時營業，令你晚上回家時，感覺較安全。

● 初來台灣建議可先租住社區型大樓，因為有管理員幫忙，令你少卻很多煩惱，在台灣的大廈管理處是非常有用的。他們可以幫你簽收包裹，掛號信，可以幫你處理貨到付款。筆者住的屋苑管理處甚至有雪櫃，可以幫你儲存冷凍食品。而且垃圾是集中處理，對香港人是較易適應。

● 如果是租社區大樓，最好是租高層。一來景觀較開揚、安靜；二來地震時影響較少。大樓低層在地震時有下陷風險。最好是找921大地震以後才起的樓，安全規格較好。如要租車位，最好避免機械車位，因為有故障問題。也不要租地下室最低層的車位，因大雨時有水浸風險。

● 最好避免有墳景、廟宇、荒地附近的單位。也不要在加油站附近因有火災風險，而且空氣不好。最好也避免死巷（因消防車及救護車難進入），電塔（電磁波）附近的租盤。座向方面：向南最好，向東太陽大，向西有西斜，下午會非常熱，向北風大，而且潮濕。

● 電器要注意電壓問題，香港的電器在台灣並不合用。如果加上變壓器即易構成火災風險。而且台灣牌子的電器價錢也不貴。如租屋是連電器，即要和業主說好保養維修的責任誰屬。

哪裡買家具

如果想購買DIY家用五金、衛浴、建材、燈飾等商品，以及傢私廚具、寢具等家居用品則可去特力屋、HOLA和宜家等大型家具店，他們在全台都有分店。

Chapter 4

買樓

文／藍色水銀

評估購屋能力之一：一次性固定資金需求

1.斡旋金（房價3%為上限）

A：透過仲介公司的買賣，買賣雙方對價格尚有差距，但仍有可能達成一致時，買方可提出部分房價，交給仲介公司作為協調的擔保。

B：如果需要經過此道手續的買賣，應該要特別注意條文內容，以免付錢之後買不到房子，斡旋金也被沒收了。

C：目前有內政部版要約書，是不必先拿錢出來，但是罰則是買賣方可請求違約方給付成交價3%的違約金。

D：如果在斡旋期限內賣方不出售，仲介公司應將斡旋金全數無息退還。

E：如果賣方接受買方條件而簽收斡旋金，此時斡旋金會轉成定金，變成交易金額的一部份。

2.簽約金
（房價10%，含訂金、代書費、規費、稅金）

A ：房價10%（斡旋金可以轉到此項）

B ：簽約代書費$2,000。買賣方各支付$1,000。

C ：買賣登記規費為建築物核定契價的千分之一。

　　土地申報地價的千分之一。

D ：買方繳交房屋核定現值6%的契稅，非交易價格6%。

　　買方繳交公契價格千分之一的印花稅。

3.用印（房價10%）

4.完稅（房價10%）

5.尾款（貸款）

A ：需貸款時，會有設定登記代書費$3,000~$5,000。

B ：銀行徵信查詢費$100~$500。

C ：貸款開辦手續費$2,000~$3,000。

D ：需準備謄本，於地政事務所辦理，每張$20。

6.設定代書費、過戶代書費

A ：抵押權設定登記代書費$4,000~$5,000。

B ：過戶登記代書費$9,000~$12,000，由買方支付。

C ：實價登錄代書費$1,000。

D ：履約保證費約為成交價的萬分之六，雙方各付一半。

7.仲介服務費

　　買方支付總價格的1~2%給仲介，賣方則是2~4%，每家仲介的規定不同。

8.地震火災險

　　30~40坪住家，每年保費約二千多元。

9.裝潢費、傢俱費、家電費

A ：裝潢費用的多寡，通常是要求越高，費用越多，因此很難去計算概略金額。

B ：傢俱費通常含客廳沙發、茶几、酒櫃或直立櫃、電視櫃，飯廳桌椅，臥房衣櫃、床組、梳妝台，書桌椅、電腦桌椅，鞋櫃、儲藏空間的一些箱子或櫃子，其他部份視個人需求增減。

C ：家電費有廚房的冰箱、電鍋、烤箱、刀具、餐具、烘碗機、微波爐、咖啡機、果汁機、調理機、淨水器、悶燒鍋、開水壺、瓦斯爐等，電視、音響、電腦、吸塵器或掃地機器人、洗衣機、傳統電話、熱水器、檯燈、夜燈、捕蚊燈、捕蚊拍、縫紉機、電熨斗、電動按摩椅等，一次購足所需可能花費不少，但應該可以爭取一些優惠或折扣。

10.搬家費

　　視距離、車次、所需時間及難度不同等條件，會有不同的價格，簽約時需注意合約內容。

結論

　　若可貸款70%，除了準備30%的房價，還要數十萬來支付其他費用。

評估購屋能力之二：每月資金需求

1.貸款

A：坪數低於15坪的套房跟7000萬以上的豪宅，能得到的貸款成數會比較低，也就是說自備款會比較高。

B：信用不良或薪資過低者可能不會核准貸款，所以這兩種人可能要準備足額的總價，無法貸款，在付定金簽約前，要先考慮是否有足夠金額買房。

C：假設貸款金額為$10,000,000，即一千萬元，分期20年，每月約需$50,000上下，分期30年，則在$35,000上下，無論是一般上班族或是公司中階主管，都難以負荷。而且還要考慮萬一換工作後繳不起貸款，所以貸款不是越多越好。

D：利率是波動的，目前因為各國都瘋狂印鈔票，導致利率處於低檔，事實上，利率上升會導致股市下跌，房價也會下跌，如果是全額自有資金購買的人就賺到了，貸款購屋的人雖然買到的價格較低，不過需要付出較多的利

息，實質上所付出的總金額並不會少很多，這一點是必須要精打細算的。

E：寬限期最好別用，因為過了寬限期要繳的金額會多很多，加重負擔後可能會影響到生活。一般寬限期為一至三年，期間內只需要繳利息不用還本金。

2.管理費

A：台北市大約每坪$100~120，以40坪房子為例，每月需$4,000~4800元，算是蠻沈重的負擔。

B：新北市大約每坪$60，其他都會區多半每坪$50。

3.機械車位管理費

A：平面車位通常會收每月$300~500元清潔費。

B：機械車位會收$500~800元保養維護費。而且後續可能因為年份久了發生故障或意外造成其他費用產生，所以並不建議購買機械車位。

4.地價稅

A ：地價稅於每年11月1日至30日開徵，課徵所屬期間為當年一整年，並以8月31日為地價稅納稅義務基準日，若要適用自用住宅優惠或特別稅率，必須在開徵前40天提出申請，否則當年無法適用。

B ：自用住宅為課稅地價的千分之二。

5.房屋稅

A ：房屋稅每年5月1日至31日開徵，課徵所屬期間為前一年7月1日至當年6月30日。

B ：自住稅率為房屋現值×1.2%。

C ：營業用為3%。

D ：其他用途為1.2%~5%之間，詳見財政部網站。

6.土地增值稅

A ：出售時需要繳交土地增值稅，沒交易就不用繳。

B ：稅率為按土地漲價總數的10%。

結論

A ：貸款＋管理費＋車位清潔費為月繳。

B ：地價稅＋房屋稅為年繳。

C ：兩者總和需於購屋前就先考量好，是否有能力負擔？是否
　　影響生活品質？

房價評估

實價登錄

參考內政部不動產交易實價查詢服務網，即可得到所查詢區域的房價區間，每間的房價當然會不一樣，但會有屋齡、坪數、樓層等資訊，算是非常好的參考。

房租

台北市約40-50年房租等於合理房價，51-70年房租為超漲區，71-100年為高風險區，隨時可能崩跌至51-70年房租區間，51-70年房租區間若遇到股市崩盤，也會有崩跌風險。

其他都會區則是30-40年房租等於合理房價，41-55年房租為超漲，56年以上為高風險區。

越新的房子，價格會越靠近50年租金，甚至超過。

越舊的房子，價格會越靠近40年租金，甚至更低。

套房的房價租金比會比較低，約以上的八成。

價格太高的房子則是租金房價比會超過100年。

評估房價時，想辦法得到同一建案的租金資訊，可以做為參考。

屋齡、屋況

新房子比較容易得到多的貸款，超過一定年份的房子則貸款額度很低。因此在需要貸款的狀況買房時，需要把房子的新舊考慮進去。

房子超過40年時，可能會因為管線老舊，必須重新拉線路而多花費，還有水泥老化造成漏水，越接近60年越容易發生以上問題，而且還有可能面臨都更的問題。

用途

商業、投資、自住各有不同需要考慮的地方。

店面

需考量經營行業類別、停車、車流量、人潮。

住店合一

除上述問題，必須將噪音問題列入考量，以免影響生活品質。

自住別墅

需考量是否會淹水、牆壁過低會有小偷，需增高牆壁並增設監視系統、停車空間是否足夠、山區的別墅須考量是否有土石流的風險都會影響房價。

多頭市場、空頭市場

多頭市場

台灣房地產的多頭市場目前已經結束，目前剛從高風險區回到超漲區最高價附近，並且會隨著股市表現而有不同走勢，若股市一直維持在9000點以上，則房價也會一直維持目前的價格，不會有太大的變動，但股市如果朝7000點方向發展，則房地產價格會迅速往合理房價靠近，若股票低於5000點，則房地產價格會往合理房價的下緣靠近，甚至於跌破合理區域，最壞

的狀況是股市低於5000點超過一年,那麼房價會低於合理區域20-40%。

空頭市場

如果台灣股市從9000點跌到7000點,甚至更低,那麼空頭市場確立,這時會進入買方市場,買方開價不必太靠近賣方價格,幾週到三個月後就有可能跌到買方開價附近。

環境

優點:明星學區、文教區、美食區、公園或大面積綠地周邊、人口密度較低區域、安靜清幽區域。但房價會較高。

缺點即嫌惡設施:八大行業區、大醫院急診室、廟宇、電塔、變電所、屠宰場、砂石場、殯儀館、公墓、加油站、垃圾場、夜市、人口密度高。但房價會較低。

生活機能

優點亦是缺點,樓下有便利商店固然好,但也會造成出入份子複雜化;大賣場也是,會有假日交通受阻的困擾;菜市

場買菜方便，太近就有出入問題跟衛生問題。重點就是別離太遠，但又不會影響生活最好。

交通

　　停車位以能夠迅速進出為原則，需要開車上班的人，可沒有閒功夫等待太久。

　　路太窄會造成消防車跟救護車進入不便。

　　離公車站太近會有噪音問題，太遠則搭車不方便。

　　捷運站固然很方便，但價格就會比較貴。

　　離交流道太近，上下班時間或連續假日容易塞車。

▌ 結論

　　優點越多的房子價格就越高，缺點多的價格就越低，綜合以上八點，判斷價格是否合理就容易多了。

你適合哪一型的屋？

Q：為什麼要買房或換房呢？
　　要考慮哪些問題？

1. 單純工作需要：以交通時間45分鐘以內可到達上班處做為優先考量。

2. 小孩需要上學：以小孩步行10分鐘以內可到達學校做為優先考量。

3. 年邁父母同住：以汽車或救護車10分鐘以內可到達大醫院急診室做為優先考量。

4. 現在的房子太小：跟家人討論需求後決定購屋計劃。

5. 現在的房子太舊：有管線老舊問題、停車問題、沒有電梯造成父母出入問題、漏水問題、面臨都更或拆除，那就找一間可以解決上述問題的房子。

6. 生活機能：目前都會區的生活機能都不會太差，差別在於這些生活機能的使用頻率。

　　A.食：餐館、美食街、大賣場、傳統市場、百貨公司

　　B.衣：百貨公司、大賣場、服飾店

　　C.行：公車、火車、捷運、高鐵、交流道

　　D.育：學校、書店

　　E.樂：公園、綠地、電影院

　　F. 大醫院、診所

7. 周邊有嫌惡設施：有好的生活機能，也會有不想要的鄰居，不想忍受噪音、廟宇、傳統市場、夜市、電塔、變電所、高架捷運、加油站、瓦斯行、機場、焚化爐、資源回收場、福地、靈骨塔、殯儀館、總統府、立法院、棒球場、八大行業等，要看自己跟家人能夠接受或忍受多少？

8. 社區變複雜了：有時候，壞鄰居會進入社區，並造成很大的困擾，例如吸毒、縱火、打架，或是精神不正常的鄰居都會讓我們想要搬家。

9. 管委會運作有問題：這是個大問題，不能解決的話，最後會變成社區的大問題。

10. 地震、火災、氣爆造成結構問題等：為了自己跟家人的安全，還是搬家為上策。

Q：什麼房型適合你？

台灣比較主要的房型如下：

公寓

五樓或以下無電梯之住宅，大部份無管理員，大多數的公寓都是較舊的建築，新的不多。適合年輕力壯，沒有年長者跟沒有小孩的家庭，因為每次買菜都要很費力的回家，除非是一樓的部份，如果沒時間追垃圾車，也不建議購買。連續假日容易被小偷入侵，也是必須考量的問題。

華廈

通常指七樓或以下有電梯的小型建築，戶數比較少，有些無管理員或只有白天有管理員，車位不足是常見的問題，通常這類建築都是機械車位或是升降式平面車位，經常使用車位的人就不適合。

這類建築通常都是二房一廳至兩廳或三房一廳至兩廳，浴廁可能只有一套，購買時要特別注意。

電梯大樓

是近年來較為主流的建築物，因為有管委會，收信、垃圾、社區清潔、電梯保養等狀況都比較好，加上監視器裝設也比較完整，相對上比較不會有小偷，缺點是管理費會比較高，公設比也高，所以買的時候會花比較高的價格。

透天

通常被稱為店面，當然，大樓的一樓或一、二樓也有店面，這一種房子常常是住辦合一或住店合一，如果是透天，要注意是否會淹水、噪音等會影響生活的問題，因為房間在二樓或三樓，也是適合沒有長者的家庭。

別墅

居住條件跟透天差不多，一樓客廳跟飯廳，所以臥室都在二樓以上，二者的差別是透天通常會蓋在市區，而別墅是蓋在郊區偏多，市區的別墅價格會比較高，舊的別墅要考慮車子是否能停進院子，還有牆壁是否夠高，才不容易被小偷進入，兩者的缺點都是要追垃圾車，重要郵件包裹沒有人收，常常需要

自己到郵局領取，別墅的優點是比較安靜，但最麻煩的缺點是交通都要靠開車或騎車，生活機能通常也比較差。

結論

1. 家中如果沒有長者或小孩且年輕力壯者，可以考慮比較便宜的公寓。

2. 不開車的人可以考慮華廈。

3. 家庭成員有長者跟小孩者，電梯大樓是首選。

4. 需要做生意的人可以考慮透天店面，住店合一可以省去許多費用。

5. 喜歡安靜且幾乎沒有鄰居來打擾的人比較適合別墅。

跟誰買？

建商

通常建商會自己跳下來賣房，是公司正在蓋或是正在推案的預售屋，還有剛蓋好的新成屋，而預售屋的問題在於房屋是否能如期完工、可能蓋到一半建商倒閉變成爛尾樓、是否按圖施工、買方是否真的看懂了平面圖等等。

代銷

代銷基本上賣是預售屋跟新成屋，而且會有樣品屋，但樣品屋常常會有空間動手腳的問題，所以買預售屋必須有點想像力，否則很容易買到空間跟自己所想像不同的房子，跟代銷買預售屋要注意以下事項：

A ：房子蓋在那裡？而且要親自去看，以免周邊有嫌惡設施、或是地點太偏僻、有淹水或土石流疑慮、生活機能不足、這塊地以前是刑場或是醫院等，有些人會因為地不乾淨而不買，又或是地震造成倒塌重建，有些人也會有陰影而不買，總之，一定要自己去查。

B ：除了建築物模型，要了解社區戶數、公設、停車位、進出
道路是否方便、入住後管理費等。

C ：土地產權確認是BOT還是買方的？以免買到的是有使用年
限的地上權，而非真正屬於自己的房子。

D ：確認建造執照，**土地分區**是那一種？

土地分區是住宅用地較無疑慮，不過還是有分別。

住一：建蔽率30%，容積率60%，獨棟或雙併別墅。

住二：建蔽率35%，容積率120%。

住二之一：建蔽率35%，容積率160%。

住二之二：建蔽率35%，容積率225%。

住三：建蔽率45%，容積率225%。

住三之一：建蔽率45%，容積率300%。

住三之二：建蔽率45%，容積率400%。

住四：建蔽率50%，容積率300%。

住四之一：建蔽率50%，容積率400%。

建蔽率就是土地拿多少比例來蓋房子，容積率就是總地板面積跟土地面積的比。

例如100坪的住一土地，每層樓可以蓋30坪，只能蓋到二樓，因為地板面積已經60坪。所以，住一可以蓋的面積最少，住四之一最多。

若是其他種類，日後可能會衍生出問題，還有那些呢？

第一、二、三、四種商業區。

第二、三種工業區。

行政區、文教區、倉庫區、風景區、農業區、保護區、行水區、保存區、特定專用區。

各區法條詳見各縣市政府網站。

E ：查詢建設公司及營造廠的過去，當成房屋品質的參考。

F ：開工、預計完工、預計交屋時間。

G ：各款項如何交付及時程，即付款明細表。

I ：建材設備表及各種平面圖，含全區、車位跟房屋。

結論

買預售屋要做比較多的功課，還要賭一點運氣，所以不是買屋很好的選項，購買前還是要三思再三思。

房仲業者

看到了喜歡的房子，就請你的房仲業者提供不動產說明書，其主要內容如下。

A ：土地相關資料

座落、面積、地籍圖、權利範圍、權利種類含所有權、他項權利、信託登記、所有權人、他項權利人、權利登記狀態有無他項權利設定、限制登記、土地使用管制內容、使用分區、是否辦理地籍重測、是否公告徵收、公共基礎建設。

目前是否出租、出借、占用或被占用。

是否有公眾通行的私有道路。

目前是否有共有人分管協議、是否依慣例使用。

交易種類、價金、付款方式及流程、各項稅金及規費、買賣方負擔金額或比例。

B ：成屋應記載資料如下

建築改良物標示權利範圍、面積、座落、建號、門牌電子地圖、完工日期、改良用途、信託、其他註記、有無他項權利設定、限制登記、建築改良物瑕疵。

目前是否出租、出借、占用或被占用、共用部份有無分管協議跟協議內容、水、電、瓦斯狀況、有無夾層可能被強制拆除。

交易種類、價金、付款方式及流程、各項稅金及規費、買賣方負擔金額或比例、賣方附贈設備表。

車位：有無登記、坡道平面、升降平面、機械、編號、法定停車位、增設停車位、獎勵停車位、是否需定期抽籤使用。

C ：相關法令說明。

D ：服務費有那些項目。

E ：貸款速算表。

F ：買賣流程及應準備文件。

該怎麼選擇仲介？

目前台灣較具有知名度的公司有信義房屋、永慶房屋、住商不動產、東森房屋、21世紀不動產、台灣房屋、太平洋房屋、有巢氏房屋、惠雙房屋等，不想查仲介是否為合法經紀，就直接找這些業者比較快，這些業者都已經有一定規模跟信譽，而且手中握有較多的案件，提出需求後，業務員通常會很努力的幫您尋找想要的目標。

房屋仲介公司有那些服務？

A ：免費不動產、房價諮詢。

B ：免費各項稅率及規費試算。

C ：買賣方協調。

D ：代辦產權移轉。

E ：貸款服務。

結論

　　雖然要花仲介費，不過有較多目標可以選擇，而且各種資料都比較齊全，比較容易快速的買到自己想要的房子。

屋主自售

　　沒有仲介費，但所有資料要一次備齊並不容易，屋主並非專業，買方通常也不專業，因此要找一個專業的代書來處理文件，否則很容易遺漏步驟，而且要得到他們的賣屋資訊也不簡單，不是那麼容易的買屋方法。

法拍屋

　　法拍、銀行拍、金融資產中心拍賣等，價格也許會比較便宜，約市價七成，但有四種主要風險。

A ：資金不足風險。二成保證金及得標七日內付清另外八成尾款。

B ：點交問題。法拍有所謂不點交案件，這對買方風險極大，有可能買到一間什麼都被破壞的房子，或是點交案件前屋主故意拖延、破壞牆壁結構，或要求很高的搬遷費。

C ：屋況問題。除了上述有房屋被破壞可能之外，如果買到因為地震火災氣爆造成結構有問題、漏水問題的房子都只能概括承受。

D ：產權問題：抵押權、租賃權、地上權，積欠巨額管理費等。

結論

法拍屋是高手在買的，不適合一般人。

開始找房子

可以在各大房仲網尋找，也可以到想要買的區域走走，想賣房子的都會貼海報。

找到之後，一定要把地點、電話、編號記下來，不然就白找了。

看屋前後注意事項

1. 看屋前做出標準程序表格（詳下篇，「看屋標準程序表」）

   也可以使用本書的附表，拿去影印，做為看屋時最重要的依據，並逐項記載。

2. 準備資料夾

   資料一定會很多，把最有可能購買的那些都放進資料夾裡，當累積到五至十間的時候，就可以先暫停看房子了。

3. 開始比較每間房子的優缺點

   看了幾十間，甚至上百間房屋之後，先選出最有可能購買的三至五間，把看屋標準程序表拿出來，把優缺點清楚的用紅筆或黃色螢光筆標示出來，為開家庭會議準備。

4. 開家庭會議討論

   房子若不是一個人住，一定要顧及每個家庭成員的需要與感受，開會決定是最棒的方式，意見不同時，要多包容，以婉

轉的方式溝通代替直來直往，因為，房屋就是家的根本，家
庭是否幸福快樂的重要原因。

5. 詳細紀錄每個成員特別的需求或意見，在決定購屋之前再度
   確認，對每個家庭成員都最有利的房子為優先購買標的，如
   果有部份成員無法接受時，要想辦法找到更適合的房子，
   以免家庭不睦，俗話說家和萬事興，別忘了這句話的意涵，
   與古人的智慧。

看屋標準程序表

必備工具：捲尺、裝滿水的圓形寶特瓶2瓶。

地址：_____市／縣_____區／鎮／鄉_____里／村

　　　_____路／街_____段_____巷_____弄

　　　_____號_____樓之_____

仲介公司：_____電話：_____

業務員：_____電話：_____

看屋日期：_____年_____月_____日_____時

天氣：□晴天 □陰天 □雨天 □大雨隔天或連續雨天

*方便的話，至少看三種。

*早上、中午、晚上至少要各有一次看屋。

一、外部環境

1. 若為巷弄中房屋，消防車是否能夠到達？□是 □否

2. 若為巷弄中房屋，是否無尾巷？□是 □否

3. 是否有管理室？□是 □否

4. 每班管理員數量_____人或　□只有白天有管理員

5. 是否有管理委員會？□是 □否

6. 管理費每坪_____元

7. 車位需要管理費或清潔費？□是 □否，每月_____元

8. 管理費是 □月繳 □季繳 □半年繳 □年繳

9. 房子是否積欠管理費？□是 □否，積欠_____元

10. 房子目前是□空屋 □出租 □屋主自住或別人住

11. 有沒有斷電後的緊急用發電機？□有 □沒有

12. 電梯廠牌_____維護廠商_____

13. 電梯是否有定期維修表？□是 □否

14. 樓梯間是否通暢無雜物？□是 □否

15. 樓梯間是否有緊急照明設備？□是 □否

16. 直接搭電梯到頂樓。

17. 頂樓是否有加蓋（若有，需問管委會用途）？
    □是 □否

18. 頂樓電梯維修間是否上鎖？□是 □否

19. 頂樓地板是否有裂痕？（裂痕太長表示房屋其他部份
    也可能也是如此，有漏水疑慮）□是 □否

    等等若要看的是最高層的房子時，如果有很長的裂
    痕，大概就不用看了，因為大雨時會漏水的機率很高。

20. 要看的是最高層的房子時，要注意是否有地板隔熱材
    料？（如果沒有，夏天可能會很熱）□有 □沒有

21. 頂樓電梯維修間是否上鎖？□是 □否

22. 頂樓安全門是否能夠完全關閉？（台灣很多颱風，如果無法關閉，颱風期間可能有電梯漏水漏電風險）
□是 □否

23. 頂樓有無規劃曬棉被用不鏽鋼鐵管？□有 □沒有

24. 頂樓圍牆是否超過130公分之基本安全高度？
□是 □否

25. 頂樓排水孔是否通暢？（拿水倒入）□是 □否

26. 頂樓排水孔數量是否足夠？（約15坪1個）□是 □否

數量不足在颱風天有屋頂淹水風險，進而引發跟18項相同的電梯漏水漏電風險。

27. 搭電梯至看屋樓層，房屋外是否有滅火器？□是 □否

28. 樓梯間是否有氣窗？□是 □否

29. 開始看房屋內部。

二、房屋內部

1. 大門強度是否足夠？□是 □否

2. 大門能否正常開關？□是 □否

3. 開門是否會發出老舊的聲音？□是 □否

4. 開門是否見到廚房？（開門見灶有風水問題）□是 □否

5. 大門是否正對落地窗、後門、窗戶？（這三種都是穿堂煞）□是 □否

6. 大門是否對廁所？□是 □否，是否可改向？□是 □否

7. 是否有消防灑水？□是 □否

8. 在門口輕放彈珠或寶特瓶是否快速滾動？（如果是的話就表示房屋傾斜）□是 □否

   如果沒有滾，走到最左、最右、最裡面再各試一次，如果有快速滾動，表示房屋傾斜，該考慮不看下去了。

9. 天花板高度_____公分，是否有壓迫感？□是 □否

10. 客廳插座數量：＿＿＿＿＿

11. 客廳電燈尺寸：日光燈＿＿＿尺＿＿＿個燈管。
    □其他燈光

12. 客廳有線電視線路預留孔？□有 □沒有

13. 客廳市內電話線路預留孔？□有 □沒有

14. 樑柱轉角處是否有裂痕？（裂痕太長就有結構疑慮，
    再看其實沒意義了，留意是否有補土痕跡掩飾）
    □有 □沒有

15. 客廳是否有陽台？（陽台是事業的象徵）□有 □沒有

16. 陽台外是否有很近的建築物擋住視野？□是 □否

17. 客廳採光是否良好？□是 □否

18. 客廳通風是否良好？□是 □否

19. 客廳地板是否有階梯造成高低不平？（容易造成受傷
    以及家運起伏坎坷）□是 □否

20. 客廳寬邊尺寸：_____公分，窄邊：_____公分

    是否方便放置電視及沙發組？□是 □否

21. 與管理室對講機功能是否正常？□是 □否

22. 電鈴功能是否正常？□是 □否

23. 是否有夾層？□是 □否。如果有，□合法 □非法

    若仲介回答不知道或要查詢，先當成是非法違建，下次看屋再電話中詢問一次確認□合法 □非法

24. 走道是否夠寬敞，讓大型傢俱搬進房間？□是 □否

25. 是否品字門？（三個房間門靠在一起像品字，此風水易造成家人意見不合、感情不睦）□是 □否

26. 浴室廁所是否是兩個門通往不同房間？（易生病、不聚財、在家坐不住一直想往外跑、睡不好等）
    □是 □否

27. 是否有房中房？（易產生外遇，可拆門框化解）
    □是 □否

28. 主臥室空間是否足夠？□是 □否

29. 主臥室燈光是否正常？□是 □否

30. 主臥室插座數量：＿＿＿＿＿

31. 主臥室是否有窗戶？□是 □否，窗簾□是 □否

32. 主臥室窗戶是否可以正常開啟？□是 □否

33. 主臥室是否有浴室廁所？□是 □否

34. 是否有冷氣窗？□是 □否

35. 馬桶是否對著床的方向？（易生病）□是 □否

36. 馬桶是否運作正常？□是 □否

37. 檢查浴室冷熱水是否正常？□是 □否

38. 排水孔是否正常？□是 □否

39. 蓮蓬頭的牆壁另一邊是否壁癌？□是 □否

40. 是否有第二套浴室廁所？□是 □否

41. 第二套馬桶是否對著床的方向？□是 □否

42. 馬桶是否運作正常？□是 □否

43. 浴室冷熱水是否正常？□是 □否

44. 浴室排水孔是否正常？□是 □否

45. 蓮蓬頭的牆壁另一邊是否壁癌？□是 □否

46. 第二個房間空間是否足夠？□是 □否

47. 燈光是否正常？□是 □否

48. 插座數量：_____

49. 是否有窗戶？□是 □否，窗簾□是 □否

50. 窗戶是否可以正常開啟？□是 □否

51. 是否有浴室廁所？□是 □否

52. 第三個房間空間是否足夠？□是 □否

53. 燈光是否正常？□是 □否

54. 插座數量：＿＿＿＿＿＿

55. 是否有窗戶？□是 □否，窗簾□是 □否

56. 窗戶是否可以正常開啟？□是 □否

57. 第四個房間空間是否足夠？□是 □否

58. 燈光是否正常？□是 □否

59. 插座數量：＿＿＿＿＿＿

60. 是否有窗戶？□是 □否，窗簾□是 □否

61. 窗戶是否可以正常開啟？□是 □否

62. 廚房空間是否足夠？□是 □否

63. 是否有窗戶？□是 □否

64. 窗戶是否可以正常開啟？□是 □否

65. 廚房寬邊尺寸：＿＿＿＿＿＿公分，窄邊：＿＿＿＿＿＿公分

66. 冰箱位置空間寬邊：＿＿＿＿＿公分，窄邊：＿＿＿＿＿公分

67. □天然瓦斯 □桶裝瓦斯，是否附瓦斯爐？□是 □否

68. 插座數量：_____

69. 冷熱水是否正常？□是 □否，水是否乾淨？□是 □否

70. 排水孔是否正常？□是 □否

71. 是否有飯廳？□是 □否

72. 飯廳是否有燈光？□是 □否

73. 是否有插座？□是 □否

74. 曬衣陽台寬邊尺寸：_____公分，窄邊：_____公分

75. 曬衣陽台旁邊是否有大樓擋住日曬？□是 □否

76. 曬衣空間是否足夠？□是 □否

77. 是否有曬衣桿？□是 □否

78. 是否有插座？□是 □否

79. 是否有洗衣機水龍頭？□是 □否

80. 瓦斯型熱水器通風是否良好？□是 □否

81. 分離式冷氣機是否有足夠空間裝設？□是 □否

82. 詢問仲介是使用□自來水 □地下水（郊區獨棟要問）

83. □獨立電表 □非獨立電表

84. 是否附贈傢俱？□是 □否

85. 是否附贈裝潢？□是 □否

86. 是否附贈家電？□是 □否

87. 雨後或連續雨天是否漏水？□是 □否

88. 漏水幾處？_____處，_____處較嚴重。

三、停車位

1. 進入停車場方式 □坡道 □平面升降

2. 車道寬度 □窄 □尚可 □足夠

3. 車位種類 □平面 □機械上下 □機械旋轉

4. 若為機械上下，與旁邊車位縫隙是否大於6公分，大於6公分容易踩空扭傷腳。□是 □否。
   是否大於10公分，大於10公分有摔成重傷風險。
   □是 □否

5. 若為機械上下，運作是否正常？□是 □否

6. 車位寬度_____公分，深度_____公分

7. 看一下已經有停車的位置，駕駛座車門與鄰車平均距離是否大於45公分，是才好開門上下車。□是 □否

看屋前需知的專業名詞與基本知識

建物生產履歷

不是每棟房子都有，通常是所謂豪宅才有。

公設比

A.無車位的房子：公設面積／總面積，就是公設比。

B.有車位分兩種，車位坪數不計入公設與計入公設

不計入：公設面積／（總面積－車位面積）

計入：（公設面積－車位面積）／（總面積－車位面積）

為什麼車位要分開計算？

假設車位登記為12坪，房價一坪20萬，合併計算時這個車位就變成240萬，然而車位行情可能只有100萬，尤其是台北市的新房，車位經常看到15坪的，如果房價一坪100萬，那麼一個車位就是1500萬，遠超過行情的500~700萬。

停車位種類

法定停車位：有產權、無獨立權狀、不得與建物分開買賣，買賣對象僅限定同棟大樓住戶，登記時會屬於大公或小公，大公要取得共有分管協議書，或於住戶規約中註明使用戶名及車位號碼。若是小公，有些住戶不想要車位，會有無分攤持分，而有車位的，過戶產權比例會以總車位數分之一來計算每個車位。

分管協議要特別注意是否是使用憑證而沒有獨立產權，如果是的話，車位可能會因為車位重劃而消失。

增設停車位：可能登記為大公、小公或是獨立權狀。

獎勵停車位：無專有使用權，買了還是有別人來停車的可能性，不建議買這種停車位，以免產生不必要糾紛。

若有騎機車的需求，要特別注意社區規劃的機車位是否足夠，尤其附近如果有辦公大樓或是套房大樓，機車會把附近停得滿滿的，如果沒有專用停車位，停機車都會是一件煩人的事。

大公

全體住戶共同分擔，如頂樓水塔、管理室、配電室、游泳池、門廳等。

小公

部份住戶共同分擔，如電梯間、樓梯間、走廊、門廳、通道等。

公設比

不同類型的房子，公設比大不同。

A. 公寓及透天：10~15%

B. 華廈：18~22%

C. 套房大樓、舊電梯大樓（有中庭）22~28%

D. 2005年7月建築法規新制後，電梯大樓平均在33~35%

E. 2018年起，申請建造執照或是都市更新事業計畫送件者，屋簷跟雨遮不登記，不計價。

坪數

坪數：平方公尺×0.3025=坪

例如室內10公尺×8公尺×0.3025=80×0.3025=24.2坪

總面積就是室內面積。

附屬建物

包括陽台、花台、露台。

公共部分就是公共設施。

頂樓是否違建？

有管理委員會的大樓通常無此問題，舊公寓最常見的違建是頂樓加蓋，而且是最高樓層住戶在使用，由於此類違建都已經年代久遠，千萬別以為買到賺到，不會被拆除，颱風來的時候，可能會把屋頂掀了，打到路上車子或是打破別人家的窗戶是要賠償的。

外觀及結構

外觀

外牆若是用塗料，每五到十年後必須再處理一次，加上夏天台灣天氣很熱又多雨，很容易造成塗料產生問題，所以台灣以磁磚外牆居多，但要注意太大片的石材，年代久了或是地震，很容易剝落，輕則花錢重做，重則發生命案，如果高樓層還用這種外牆，還是要多多考慮。

結構

大樓形狀像英文字大寫L、U、T，這三種在地震後的結構會比較不好，而且隱私權也比較差，尤其是U型，鄰居之間很近之外，還有回音的問題。

鋼筋混凝土簡稱RC，一般用於中低樓層房屋。

鋼骨構造簡稱SS，用於高樓居多，抗震能力好但地震或強風時晃動會較大，防火能力較差。

鋼骨鋼筋混凝土構造簡稱SRC，適用高樓的低樓層部份。

室內裝潢

買屋送裝潢：投資客或建設公司送的，幾乎沒有使用痕跡，通常材料不會太高級。

屋主自住送的：有較明顯的使用痕跡，要問一下裝潢多久了，太久的話反而可能需要拆掉。

防火巷

這是舊的名詞，目前叫做防火間隔，現行法規是兩屋間隔小於1.5公尺，外牆、門窗的材質都要有一小時的防火時效。

建設公司vs.營造廠

建設公司主要是企劃、業務、土地開發部份。

經過建築師事務所設計建築規劃。

營造廠是負責蓋房子。

輻射屋

擔心買到輻射屋，就做輻射檢測，費用多半落在$1,500~$6,000之間。

海砂屋

保護層較薄的樓板，會有鏽斑、水泥龜裂或剝落、鋼筋外露現象，若樓梯間有這類問題，房子大概就不用看了。若要檢測，費用約$5,000元。

建材

衛浴設備、磁磚、廚具、電梯等。

售後服務

新屋結構體及裝修保固、漏水保固、自用地價稅申請、房屋用途變更申請、水、電、瓦斯過戶，每家公司制度不同，服務內容會略有差異。

簽約到過戶的流程

議價

買賣雙方對房價達成一致，並且確認買賣。

A：開價只能當參考，尤其房價從高風險區剛開始跌，即將跌回超漲區域，此時賣方可能還無法接受房市反轉，開價都會偏高，建議多等一至三個月再去議價。若房價在超漲區，議價空間一般最多10%左右，進入合理區，表示房市已經很冷，開價要謹慎，因為買方開價可能超過賣方預期，賣方立即答應的機會極高，因此在房價評估時更要特別注意。

B：實價登錄的低價區當成可能的成交價。

C：新的大樓，公設甚至雨遮都會偏高，因此可實際使用坪數會很小，可以用這個做為理由，將價格多砍一些，以免買到太高的價格。

D：停車位佔過多坪數的建案，可以單獨將車位殺價，一般的新建案，8~12坪為合理範圍。

E：附近新建案多或同建案戶數太多時，議價空間也比較大。

訂金

A：付訂之前，買方或買方代書向地政事務所申請當日的土地
謄本及建物謄本，詳閱內容，主要是坪數記載是否正確、
是否有限制登記沒有塗銷，例如假處分或假扣押等，還
有土地使用分區是住宅區？工業區？簽約當天還要再做一
次，以免付訂之後卻無法簽約。

B：買方支付訂金，賣方簽給買方收受訂金收據。

C：代書：慣例是由買方找，賣方若擔心時，會另請一位代
書，於簽約時檢視合約內容，確保交易無誤。

D：履約保證：保障買賣雙方權益，亦可不辦理。

E：買賣雙方約定簽約的時間、地點，並須確認雙方的代書都
可以到場，以免產生不必要的問題。

F：訂金支付後必須準時簽約，否則賣方可沒收訂金。

G：賣方若將房屋轉賣他人，買方可要求賣方支付訂金二倍的
違約金。

簽約

A ：簽約之前，買方或買方代書向地政事務所申請簽約日的土地謄本及建物謄本，詳閱內容，主要是坪數記載是否正確、是否有限制登記沒有塗銷，例如假處分或假扣押等，還有土地使用分區是住宅區？工業區？賣方銀行設定抵押金額。

B ：確認身份

賣方的身份、土地權狀、建物權狀正本。

賣方代理人：若為代理人，需有授權書及代理人身份證明文件。

未成年人需由法定代理人簽約。

C ：契約

雙方對於契約內容無異議，達成一致始可簽約；由代書提供或至地政事務所索取。

D：簽約金支付

賣方可能會要求尾款部份，簽本票做為尾款擔保。

E ：買方準備總價10%的簽約金、印章、身分證，如果委託代理人，需要有授權書及代理人身分證及印章。

F ：數字部份需以國字書寫或打印，勿使用阿拉伯數字。

G ：簽約日期需記得填寫，務必檢查，否則合約無效。

H ：若有文字更改，需雙方用印，否則合約無效。

I ：若合約超過兩張，騎縫處需雙方用印，否則合約無效。

備證用印

A ：到地政事務所或網路請領土地謄本及建物登記謄本，填寫土地登記申請書、土地增值稅（土地現值）申報書。

B ：買方到鄉、鎮、區公所申請契稅繳費單。

C ：賣方申請土地增值稅繳費單（5~7個工作天後領取）。

D ：土地建築改良物買賣所有權移轉契約書，使用公契需千分之一印花稅，郵局購買，或向稅捐處申請繳款書，向公庫繳納後，將完稅繳款書證明聯貼於憑證上。

E ：印章：本人簽約可使用普通印章，代理人簽約時，需委託人的印鑑證明及該印章（印鑑證明於鄉、鎮、區公所辦理）。

F ：雙方身分證影印本。

貸款

A ：貨比三家，多比較幾家銀行。

B ：固定型房貸利率會較高，但萬一利率波動，不受影響。

C ：指數型利率會隨利率波動上下。

D ：組合型房貸，以上兩種搭配。

E ：還款方式為本息平均攤還，適合收入固定的人，若為本金平均攤還，利息會遞減，適合資金較充足的人。

F ：如果沒有工作、或是收入證明，就要保持六個月以上固定現金匯入銀行紀錄，如果自己的財力不足，可以找連帶保證人，配偶或父母都是銀行較會接受的。

G ：地段好的房子貸款成數會較高，地段差的當然低。

H：各家仲介都有貸款能力試算，找到仲介時，就應該要先做試算，以免貸款沒過或額度不足無法成交。

I：銀行對房子估價經常低於成交價10-20%，所以在計算可貸款金額時應該要以此方式做為基礎。

J：收入穩定度越高的人，房貸利率會較低，另外有銀行貢獻度也會有影響。

K：貸款申請：仲介多半會協助完成，並讓流程順利進行，文件的準備都會清楚的告知，整個流程會在7-10天完成，並得知貸款額度與利率多少。

L：通過之後，要對保、簽貸款契約，最好請代書先跟銀行拿貸款契約，事先詳閱內容。

M：抵押設定：委託代書到房屋所在地行政區地政事務所辦理。

N：撥款：銀行確認貸款抵押後，就會入帳。

完稅

代書會將所需辦理的事項完成，賣方亦同，流程是核發稅單、通知買賣雙方完稅地點及時間、繳增值稅、簽收完稅款、過戶、設定送件、權狀核發、銀行方於完稅同時取得設定文件。

過戶

買賣雙方備齊文件、印章等。

買方

土地及建物買賣所有權移轉契約書正副本都要、身分證正副本都要、契稅單、登記規費、戶籍謄本、戶口名簿影印本、印章、代書費用、過戶尾款。

賣方

增值稅單、土地及建物所有權狀、身分證影印本、印章及印鑑證明。（買賣方的都請代書幫忙確認無誤）

注意事項：水、電、瓦斯、管理費要按比例分擔。

交屋

　　檢查屋況是否如看屋時之狀況？如有不同，依狀況議定處理，盡量不要走法律途徑，浪費雙方時間跟財力。

　　若遇火災、水災或地震，房屋受毀損而無法居住，買方叫要求全數退還價金，或是要求屋主負擔修繕。

　　鑰匙跟車位搖控器要確認，最好換鎖避免爭議。

　　本票記得一定要拿回來。

台北買房心得

文／羅伊

　　「什麼？浴室、廚房沒有窗戶？」別驚訝，這就是台北房屋的實況。來台17年，住遍了台北各式各樣的房型，打從公寓開始，華廈、電梯大樓、獨棟，每一種都有一年以上的住宿經驗，我也可以說是台北住房通！

　　來台北求一房，除了有充足的銀根之外，一些事情你一定要先了解，尤其是摸懂台北人為何在台北置產。

　　如果你在台灣待上一些日子，或者有機會跟台灣朋友聊到房地產，他們都會說台北的房子很貴很小，花了一千萬才買了個10坪大小，在台中都可以買獨棟了，而且老一輩的台灣人更會說房子不能買太小，空間不夠用，家具放完人都沒有活動空間，最重要的是要找到一處好地方就長住了，免得搬家麻煩，以上各點歡迎大家跟台灣人驗證，十中八九，不過如果你來問已經住在台北有一些日子的朋友，想法可能大不同！台北市貴為台灣房市的蛋黃區，天價的房子不斷湧現，高居不下的房價也讓台北人的買房心態變得很不一樣。

　　台北市是全台灣最多套房數目的地區，套房泛指10坪上下的房子，有一些有挑高做樓中樓的設計，有一些單純就是一房一衛的概念，多適合單身貴族及年輕小家庭，不要小看這些迷你房，他們的單價往往比二、三十坪的一般房來得高許多，總價通常落在一千到二千萬台幣之間，是想要買房上車的台北人置業首選，當然也是因為這類房型有源源不絕的需求，投資客也特別愛下手購買套房，也間接把小型單位的價格拉高了。台北人已經習慣從小房換大房的觀念，跟傳統台灣的買大房觀念已有落差。

　　近年來在台北市都市更新計畫的推動下，很多舊矮房屋被拆掉重蓋新型防地震高樓，當中最受歡迎的房型就落在10-20坪之間的套房及2房小宅，而且最搶手的不一定是在熱鬧區域，反而是在名校林立的地區。台北貴為台灣最繁榮的都市，有著各大企業的總部，因此住了不少高知識份子及高收入家庭，他們重視小孩的教育，找名校成為了他們的需求，也造就了挑學區買房的習慣，因此有學區光環加冕下的小型單位特別得到小家庭的青睞。

　　當然除了學區選擇之外，交通便利及好生活機能也是台北人選房的特點，因為在台北生活多是北漂的上班族或外來人口，他們多是依賴公共交通工具，住屋便利性也成為了他們選

房的必要條件，跟台灣其他地區挑房方式不太一樣。基本上靠近捷運站或公車站的房子會比較搶手，有便利店或方便停機車的大樓也是熱門選擇。

在一地難求的台北市，幅地較小來蓋房子，為了外觀及設計，屋內的一些資源會被犧牲掉，最常見的就是通風及採光，在台北的房子只要是在20坪內，很多時候浴室、廚房，甚至睡房飯廳有機會沒有窗戶，古舊的公寓最常見是只有前後有窗，電梯大樓通常只有兩邊有窗，有一些新蓋的大樓只有一邊有窗，這些在台北見怪不怪，成為了台北樓房特有的景象。

走在台北的大街小巷裡，你會發現新舊大樓交錯林立，在精華的地段常見一些老房子放棄重建，屹立著見證歷史，跟一旁的摩天大樓或華麗社區對比下感覺格格不入，這在台北也是見怪不怪，也是因為台北剛好在傳統文化及現代觀念的衝擊下形成了獨有的台北房市現象，當中有很多有趣的故事等待大家去發現，期待大家一起來當台北鄰居！

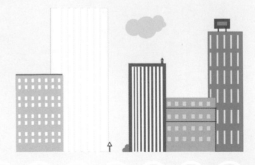

釀生活15　PI0053

 定居寶島‧居住篇

作　　　者	傑拉德、黃文彪、林靚、藍色水銀、羅伊、列當度、阿樂
責任編輯	鄭伊庭
圖文排版	楊家齊
封面設計	蔡瑋筠

出版策劃	釀出版
策劃公司	傑拉德有限公司／幸手有限公司
製作發行	秀威資訊科技股份有限公司
	114 台北市內湖區瑞光路76巷65號1樓
	電話：+886-2-2796-3638　傳真：+886-2-2796-1377
	服務信箱：service@showwe.com.tw
	http://www.showwe.com.tw
郵政劃撥	19563868　戶名：秀威資訊科技股份有限公司
展售門市	國家書店【松江門市】
	104 台北市中山區松江路209號1樓
	電話：+886-2-2518-0207　傳真：+886-2-2518-0778
網路訂購	秀威網路書店：https://store.showwe.tw
	國家網路書店：https://www.govbooks.com.tw
法律顧問	毛國樑　律師
總 經 銷	聯合發行股份有限公司
	231新北市新店區寶橋路235巷6弄6號4F
	電話：+886-2-2917-8022　傳真：+886-2-2915-6275

出版日期	2019年2月　BOD一版
定　　　價	360元

國家圖書館出版品預行編目

定居寶島・居住篇 / 傑拉德等著. -- 一版. -- 臺北市：
釀出版, 2019.02
　　面；　公分. -- (釀生活；15)
BOD版
ISBN 978-986-445-316-0(平裝)

1. 移民　2. 臺灣

577.6　　　　　　　　　　　　　　108001886

讀者回函卡

感謝您購買本書，為提升服務品質，請填妥以下資料，將讀者回函卡直接寄回或傳真本公司，收到您的寶貴意見後，我們會收藏記錄及檢討，謝謝！
如您需要了解本公司最新出版書目、購書優惠或企劃活動，歡迎您上網查詢或下載相關資料：http:// www.showwe.com.tw

您購買的書名：＿＿＿＿＿＿＿＿＿＿＿＿＿＿＿＿＿＿＿＿＿

出生日期：＿＿＿＿＿年＿＿＿＿＿月＿＿＿＿＿日

學歷：□高中 (含) 以下　　□大專　　□研究所 (含) 以上

職業：□製造業　□金融業　□資訊業　□軍警　□傳播業　□自由業
　　　□服務業　□公務員　□教職　　□學生　□家管　　□其它＿＿＿＿

購書地點：□網路書店　□實體書店　□書展　□郵購　□贈閱　□其他

您從何得知本書的消息？

　　□網路書店　□實體書店　□網路搜尋　□電子報　□書訊　□雜誌
　　□傳播媒體　□親友推薦　□網站推薦　□部落格　□其他＿＿＿＿＿＿

您對本書的評價：（請填代號　1.非常滿意　2.滿意　3.尚可　4.再改進）

　　封面設計＿＿＿　版面編排＿＿＿　內容＿＿＿　文／譯筆＿＿＿　價格＿＿＿

讀完書後您覺得：

□很有收穫　□有收穫　□收穫不多　□沒收穫

對我們的建議：＿＿＿＿＿＿＿＿＿＿＿＿＿＿＿＿＿＿＿＿＿

＿＿＿＿＿＿＿＿＿＿＿＿＿＿＿＿＿＿＿＿＿＿＿＿＿＿＿＿＿＿

＿＿＿＿＿＿＿＿＿＿＿＿＿＿＿＿＿＿＿＿＿＿＿＿＿＿＿＿＿＿

＿＿＿＿＿＿＿＿＿＿＿＿＿＿＿＿＿＿＿＿＿＿＿＿＿＿＿＿＿＿

11466
台北市內湖區瑞光路 76 巷 65 號 1 樓

秀威資訊科技股份有限公司 收

BOD 數位出版事業部

⋯⋯⋯⋯⋯⋯⋯⋯⋯⋯⋯⋯⋯⋯⋯⋯⋯⋯⋯⋯⋯⋯⋯⋯⋯

（請沿線對折寄回，謝謝！）

姓　　名：＿＿＿＿＿＿＿＿　年齡：＿＿＿＿　性別：□女　□男

郵遞區號：□□□□□

地　　址：＿＿＿＿＿＿＿＿＿＿＿＿＿＿＿＿＿＿＿＿＿

聯絡電話：(日) ＿＿＿＿＿＿＿＿＿ (夜) ＿＿＿＿＿＿＿＿＿

E-mail：＿＿＿＿＿＿＿＿＿＿＿＿＿＿＿＿＿＿＿＿＿